FRANCIS BALLE

LES MÉDIAS

D O **MI** N O S
Flammarion

FRANCIS BALLE

Docteur d'État ès lettres, Francis Balle est professeur de sciences politiques à l'université Panthéon-Assas-Paris-II. Il dirige le DEA Médias et multimédias ainsi que le DESS Communication et multimédias.
Directeur de l'Institut français de presse de 1976 à 1986, il a été vice-chancelier des universités de Paris entre 1986 et 1989, puis membre du Conseil supérieur de l'audiovisuel (CSA) de 1989 à 1993, avant d'être directeur, au ministère de l'Éducation nationale, de l'information et des nouvelles technologies (1993-1995).

Il a publié récemment sur les médias :
Le Mandarin et le marchand : le juste pouvoir des médias, Flammarion, 1995.
Le Dictionnaire des médias (dir.), Larousse, 1998.
Médias et sociétés, Montchrestien, 1re éd. 1980, 9e éd. 1999.

© Flammarion, 2000.
ISBN : 2080357263
Imprimé en France

SOMMAIRE

*La première fois qu'apparaît un mot relevant d'un vocabulaire spécialisé,
il est suivi d'un *. On trouvera sa définition dans le glossaire.*

Avant-propos

TF1 est un média, tout comme *L'Express* ou NRJ. Le livre et la télévision sont des médias, au même titre que la radio, le cinéma ou l'affichage. Mais les médias sont également des techniques, comme la presse à imprimer de Gutenberg, le cinématographe des frères Lumière, la télégraphie sans fil – TSF – de Marconi, les logiciels qui permettent de naviguer d'un site Internet à l'autre.

Les médias se partagent, en des proportions variables, des tâches ou des activités différentes – l'information, la publicité, le divertissement, l'éducation, la création –, à moins qu'ils ne s'identifient à l'une d'elles. Au fil des années, ils ont souvent donné naissance à un art, à une forme d'expression ou à une discipline particulière de la pensée : le journalisme de chronique ou de reportage, le film de cinéma, l'affiche ou le spot publicitaire, le documentaire ou le feuilleton de télévision, les variétés et les vidéos, les sites du Web.

Techniques, entreprises, formes d'expression, domaines d'activités, l'inventaire des médias décourage toute tentative de définition. En s'imposant au tournant des années 80, le mot « média » a pourtant rejoint son étymologie. En effet, un média est d'abord et avant tout un moyen – un outil, une technique, un intermédiaire – qui permet aux hommes de s'exprimer et de communiquer à autrui cette expression, quels qu'en soient l'objet ou la forme. Mais il se définit également par son usage, lequel désigne à la fois un rôle déterminé qui a fini par prévaloir, et la meilleure façon de remplir cette fonction. Il échappe difficilement à la tâche qui lui a été assignée : organe d'information ; moyen de divertissement, d'évasion ou de connaissance ; support ou vecteur d'œuvres ou de chefs-d'œuvre artistiques.

La première partie de ce livre, l'*exposé,* considère les médias en privilégiant successivement chacun de ces deux aspects. D'abord, les outils, ou les techniques, en suivant leur ordre d'apparition : la presse, le cinéma, la radio, la télévision et l'Internet. Ensuite, les usages : l'information, le divertissement, la communication et l'éducation.

La seconde partie, l'*essai,* s'ordonne autour de plusieurs questions qui concernent l'influence des médias sur chacun d'entre nous, sur la politique, sur la culture ou sur la vie internationale. Les nouveaux médias – la vidéo, le multimédia – vont-ils remplacer les anciens – le livre, le journal ? De quel mal l'information est-elle atteinte, alors que les médias n'ont jamais été aussi nombreux ? Ces derniers représentent-ils, ensemble, un « quatrième pouvoir », à l'égal du législatif, de l'exécutif et du judiciaire? Soumis aux lois de l'économie marchande, les médias ne mettent-ils pas en péril, au nom de la liberté, la véritable culture, celle qui illustre le génie des hommes et de leurs civilisations? Ces questions désignent les enjeux majeurs des premières décennies du XXIᵉ siècle.

De la presse
au Web

DOMINOS

UN EXPOSÉ

La presse

L a presse est le plus ancien des médias. Ce n'est sans doute pas un hasard si le même mot désigne l'outil, cette machine à imprimer inventée par Gutenberg, et l'usage que les hommes en ont fait, l'utilité qu'ils lui ont trouvée au fil des siècles. Entre 1830 et 1870, la presse invente l'information d'actualité en même temps qu'elle assigne leur mission aux journalistes : dire « ce qui se passe », ce qui vient de se passer, ce qui va se passer. De la double révolution, industrielle et libérale, elle est, depuis cette date, à la fois l'acteur et le témoin.

Les naissances du journal quotidien

En 1631, Théophraste Renaudot, médecin et homme de lettres, fonde *La Gazette de France,* grâce à l'appui du cardinal de Richelieu. Tiré à 1 200 exemplaires, l'hebdomadaire de huit pages offre à ses lecteurs plusieurs suppléments mensuels. Aux yeux de la presse moderne, *La Gazette* fait figure d'ancêtre et de modèle : pour la première fois, des nouvelles sont publiées selon une périodicité régulière à l'attention de nombreux lecteurs.

Les prédécesseurs de Renaudot sont assurément moins glorieux ou moins heureux. Les *menanti* de Venise, auteurs, dès le XIIIe siècle, de « nouvelles à la main », déjouent difficilement la surveillance de leurs nombreux censeurs. Jusqu'à la fin du XVIIIe siècle, leurs héritiers, les nouvellistes, n'ont guère plus de chance, que ce soit en France ou en Allemagne. Et les gazetiers de la Renaissance se contentent de relater dans leurs cahiers les faits les plus divers ou les plus insignifiants, depuis les fêtes populaires jusqu'aux funérailles princières.

La presse quotidienne naît en Allemagne, avec le *Leipziger Zeitung,* en 1660. Le premier quotidien français est fondé en 1777 ; il s'agit du *Journal de Paris.* Mais les véritables prototypes de la presse quotidienne moderne voient le jour au XIXe siècle : en France, avec *La Presse,* créée par Émile de Girardin, et son concurrent *Le Siècle* (1836) ; en Amérique, le *New York Sun* et le *New York Herald* sont fondés respectivement en 1833 et 1835, chaque numéro étant vendu au prix de 1 cent seulement ; en Angleterre, la presse à 1 penny naît un peu plus tard, en 1855, avec le *Daily Telegraph,* le *Liverpool Daily Post* et le *London Evening News.*

La presse ne devient populaire qu'avec *Le Petit Journal,* lancé par Moïse Millaud en 1863 : le numéro est vendu 5 centimes. Les quotidiens à

1 demi-penny naissent quelques années plus tard, en Grande-Bretagne, avec l'*Evening News,* en 1881, et *The Star,* en 1888. Peu avant 1900, on assiste aux États-Unis à la première bataille entre deux géants : fondateur du *New York Journal,* William R. Hearst s'attaque à la suprématie du *New York World* de Joseph Pulitzer.

La presse en cinq dates

1440-1445. Gutenberg met au point, à Mayence, la presse à imprimer.
1605 ou 1609. Naissance du premier hebdomadaire connu, à Strasbourg, *Relation : Aller Fürnemmen und gedenckwürdingen Historien...*
1660. Création du premier quotidien au monde, le *Leipziger Zeitung,* en Allemagne.
1847. *La Presse,* quotidien fondé à Paris en 1836 par Émile de Girardin, utilise la rotative mise au point par Marinoni.
1993. Le *San Jose Mercury News,* quotidien californien, ouvre le premier un site sur l'Internet.

La conquête d'une liberté cardinale

La presse moderne naît au XIXe siècle. Elle devient une industrie en 1846 grâce à la mise au point de la rotative par l'Américain Robert Hoe. Avec *Le Petit Journal,* elle se veut accessible à tous, par la modicité de son prix de vente, par la diversité de ses rubriques, par la qualité et la simplicité de ses langages. Attentive aux multiples demandes de ses clients, elle est ainsi un marché à part entière. C'est le journal quotidien qui est le premier-né des médias de masse : il est le prototype des « mass media ».

L'histoire de la presse se confond, jusqu'au seuil du XXᵉ siècle, avec celle d'une liberté cardinale, « fondamentale » : la liberté de la presse est première, à la fois logiquement et chronologiquement. En effet, non seulement elle a été conquise avant d'autres libertés, mais elle apparaît, plus encore aujourd'hui qu'hier, comme la condition d'existence des autres libertés, civiles ou politiques, personnelles ou publiques. Selon l'heureuse formule de l'association Reporters sans frontières : « Pas de liberté sans liberté de la presse. »

La presse anglaise, la première, lutte pour son émancipation. Dès 1695, elle obtient de la Couronne le droit d'être imprimée sans autorisation préalable ; elle engage la responsabilité politique du Premier ministre en 1762 ; elle obtient, enfin, en 1855, la suppression de toutes les taxes qui la frappaient jusqu'alors. Du reste, c'est un poète anglais, John Milton, qui plaide, en 1644, pour la liberté d'imprimer « sans autorisation ni censure * ».

13

Les éléments de la liberté de la presse sont énumérés pour la première fois par une loi suédoise de 1766 : interdiction de toute censure préalable ; désignation d'un responsable de la publication ; droit de ne pas révéler ses sources d'information ; détermination des cas de diffamation * afin de protéger les particuliers.

Dans son *Bill of Rights* de 1776, l'État de Virginie fait de la liberté de la presse l'un des remparts – ou l'un des boulevards (*one of the great bulwarks*) – de la liberté. Ce principe sera repris par le premier amendement apporté en 1791 à la Constitution des États-Unis : « Le Congrès ne fera aucune loi restreignant la liberté de parole ou de la presse. » La France de 1789, fidèle aux mêmes idéaux, ne dessaisit pas pour autant le législateur. L'article 11 de la Déclaration des droits de l'homme et du citoyen stipule en effet que « tout citoyen peut […] parler, écrire, imprimer librement, sauf à répondre de l'abus de cette liberté dans les cas déterminés par la loi ». La loi du 29 juillet 1881 sur la presse détermine quant à elle le régime administratif et pénal de cette dernière – les journaux peuvent être publiés sans autorisation préalable et sans dépôt de cautionnement (art. 5) – tout en fixant elle aussi des limites à la liberté de publication : les délits de presse sont définis par le législateur.

La presse, acteur et témoin

Quand il affirme, dès 1820, que « le journal est la prière laïque du matin de l'homme moderne », Hegel comprend de quels bouleversements la presse va à la fois être l'acteur et le témoin. De même, Victor Hugo, dans un célèbre discours prononcé en juillet 1850 : « C'est parce que je veux la souveraineté nationale dans toute sa vérité que je veux la presse dans toute sa liberté. » Et Tocqueville, dès 1835, va plus loin : « Ce serait diminuer leur importance que de croire que [les journaux] ne servent qu'à garantir la liberté ; ils maintiennent la civilisation. » Dans le même sens, deux ans après son célèbre « J'accuse » paru dans *L'Aurore*, où il milite pour la révision du procès Dreyfus, Émile Zola salue, en 1894, l'avènement de ce qu'il appelle « l'ère de l'information ».

Tout au long du XIXe siècle, les journaux quotidiens président à l'avènement du journalisme et de l'information modernes. Ils leur assignent une mission : annoncer et raconter « ce qui se passe », ou plutôt ce qui vient de se passer et ce qui va, très bientôt, se passer. Pour la première fois, des nouvelles sont offertes sur un marché, dérisoires ou considérables, ordinaires ou spectaculaires, grâce à la technique mise au point par Gutenberg. La presse rompt avec la tradition des « feuilles* », nombreuses, mais dont les audiences* sont toujours limitées et politisées.

15

Ainsi les quotidiens donnent-ils à la presse ses lettres de noblesse : avec le Parlement, ils illustrent la démocratie et ses libertés. Mais, dès le début du XXe siècle, les parutions se diversifient de plus en plus. Entre 1930 et 1970, les hebdomadaires illustrés, comme *Life* ou *Look* aux États-Unis, *Candide et Match* en France, vivent une sorte d'âge d'or, avec des diffusions* allant parfois jusqu'à 10 millions d'exemplaires, ce qui représente plus de 40 millions de lecteurs, à peine moins que le mensuel *Reader's Digest*. Ils sont relayés, après les années 50, par des hebdomadaires d'information générale, tels que *Time* et *Newsweek* aux États-Unis, *Der Spiegel* en Allemagne ou *L'Express* en France.

Nombre de titres de la presse éditeur
(toutes périodicités confondues)

	1985	1995	1997
Presse nationale d'information générale et politique *dont presse quotidienne nationale* (1)	54 *16*	75 *23*	72 *20*
Presse locale d'information générale et politique *dont presse quotidienne locale* (2)	423 *96*	422 *86*	455 *94*
Presse spécialisée grand public	754	974	1145
Presse spécialisée technique et professionnelle	1109	1312	1373
Presse gratuite	385	387	387
Ensemble de la presse	**2725**	**3170**	**3432**

Source : SJTIC.
(1) Y compris les quotidiens spécialisés grand public. (2) Y compris les journaux du 7e jour

Certes, la presse périodique fait toujours figure de catégorie résiduelle : elle comprend tous les journaux qui ne sont pas quotidiens. Mais le nombre et la diversité de ses titres ne cessent d'augmenter après 1950. Au-delà de la presse professionnelle qui compte, en France, 1 300 titres, et des hebdomadaires d'information les plus « généralistes », les périodiques se distinguent selon qu'ils sont destinés à un public déterminé ou qu'ils se consacrent, en priorité, à un sujet donné. La presse d'un seul public est la plus ancienne et la moins diverse, depuis *Le Pèlerin* (1873) jusqu'à *Men's Health* aux États-Unis (1999). La presse d'un seul sujet atteint quant à elle des audiences dispersées et diverses, avec des titres infiniment plus nombreux : par sa nature, le thème traité ne permet parfois d'atteindre qu'une audience très étroite.

La presse dite périodique, spécialisée et rarement généraliste, prend le pas sur les quotidiens : en France, c'est entre 1975 et 1978 que, pour la première fois, le tirage annuel total des périodiques dépasse celui des quotidiens (3,6 milliards d'exemplaires). Ces statistiques donnent raison au sociologue Jean Stoetzel qui annonçait, en 1951, que la presse remplirait, « à côté de l'information », d'autres fonctions : le divertissement, l'évasion, la recherche d'une compensation ou celle d'une appartenance sociale.

**Le premier titre par la diffusion
pour chaque catégorie de presse**

Catégorie	Titre date de création	Diffusion totale payée en 1998 exemplaires
Presse quotidienne nationale d'information générale et politique	*Le Monde* 1944	385 254
Presse quotidienne nationale spécialisée	*L'Équipe* 1946	404 655
Presse quotidienne régionale d'information générale et politique	*Ouest France* 1944	757 932
Presse quotidienne régionale du 7ᵉ jour	*Le Progrès Dimanche* (+ *Centre Dimanche*)	391 269
Hebdomadaires régionaux d'information générale et politique	*La Manche Libre* 1944	67 160
Télévision	*Télé 7 Jours* (h) (1960)	2 630 724
Féminin	*Femme actuelle* (h) (1984)	1 804 264
Actualité	*Paris Match* (h) 1949	772 074
Journaux à sensation	*France Dimanche* (h)	601 860
Loisirs	*Le Chasseur français* (m) 1955	571 548
Jeunes	*Starclub* (m) 1987	350 479
Familiaux	*Notre Temps magazine* (m) 1968	1 042 567
Masculin	*Newlook* (m)	147 441

Source : d'après Diffusion Contrôle.
(h) hebdomadaire
(m) mensuel

Le cinéma

À ses débuts, à l'époque des frères Lumière, le cinéma est une technique. Mais, très vite, l'Europe fait du média de l'image une industrie, avant que les États-Unis ne construisent, à Hollywood, les usines du plus grand divertissement de masse du XXᵉ siècle. À l'aube du XXIᵉ siècle, la télévision et les nouveaux médias, bien loin de l'évincer, offrent au septième art une deuxième chance.

Du muet au « parlant et chantant »

Évoquant le centenaire de la naissance du cinéma, le réalisateur français Toscan Du Plantier affirmait, en 1995 : « [Il] est né le jour où les frères Lumière ont fait payer aux gens, sur un trottoir, le droit de regarder un film dans une salle obscure. » Par convention, l'événement marque la naissance du deuxième média de masse, après la presse : le 28 décembre 1895, dans le salon indien du *Grand*

Café – rebaptisé *Café de la Paix* –, à Paris, les Lumière proposent la première séance payante et publique de « cinématographe », comprenant un programme d'actualités *(La Sortie des usines Lumière)*, des scènes familiales et des saynètes *(L'Arroseur arrosé)*. Plusieurs inventions ont précédé cet avènement : le cylindre de Joseph Plateau, en 1832, dénommé phénakisti-scope, qui donnait l'illusion du mouvement, la pho-tographie de Niepce et Daguerre, en 1839, qui remplace les dessins, et le fusil photographique de Marey, en 1882, ancêtre de la caméra.

Le cinéma est d'abord un spectacle de foire, com-parable au cirque : il est au mieux une continuation, par d'autres moyens, du théâtre populaire. Mais il devient très vite une industrie et un « mass media », se consacrant dans un premier temps aux « actua-lités », avant de « raconter des histoires », avec le Français Georges Méliès et les Américains Edwin Porter et David W. Griffith. Muet, le cinéma ignore à ses débuts les barrières de la langue et il intéresse, à en croire le producteur américain Wrangler, « aussi bien les enfants de huit ans que les vieillards de quatre-vingts ans ».

En moins de vingt ans, après 1900, le nouveau média devient une véritable industrie : avec ses salles d'exploitation – comme les célèbres *Nickelodeon* amé-ricains, dont l'accès coûte précisément cinq centimes en nickel –, ses producteurs et ses techniciens, ses stars. Avec, surtout, des spectateurs toujours plus nombreux, venus de toutes les classes sociales. En 1910, les États-Unis totalisent plus de 10 000 salles, alors que la France, pays natal du cinéma, en compte moins de 3 000. En 1914, les Américains produisent

19

déjà vingt fois plus de films que les Français :
Georges Méliès et Charles Pathé sont contraints
d'adhérer au trust américain Edison dès 1908.

Le cinéma en cinq dates

1895. Auguste et Louis Lumière déposent le brevet du
cinématographe et tournent leurs premiers films, *La Sortie
des usines Lumière* et *L'Arrivée d'un train en gare de La
Ciotat*. Le 28 décembre a lieu la première projection
publique au *Grand Café*, avec notamment le tout premier
gag du cinéma *L'Arroseur arrosé*.
1927. Premier film parlant et chantant, *Le Chanteur de
jazz*, produit par les frères Warner.
1937. Invention du Technicolor.
1952. Réalisation de *The Robe*, premier film en
Cinémascope, procédé inventé en 1927 par Henri-Charles
Chrétien, dont le brevet a été racheté par la Century Fox.
1995. Premier film réalisé entièrement en images de synthèse,
Toy Story, de l'Américain John Lasseter, produit par Disney.

L'usine à rêves

Quelques années avant la sortie, en 1927, du premier film « parlant et chantant », *Le Chanteur de jazz*,
les États-Unis ont déjà fait de la technique du
cinématographe une industrie organisée, partie à la
conquête d'un marché mondial. En 1915, quand le
trust Edison est déclaré illégal par la cour de justice
d'un État fédéré, les sept « majors » d'Hollywood
– les quatre grandes, Fox, Paramount, Warner et
Metro Goldwin Mayer et les trois « mineures »,
Columbia, Universal et United Artists – sont sur le
point d'appliquer à la production et à la réalisation

des films les règles sacro-saintes du monde industriel. Les autres producteurs, les « indépendants », tirent quant à eux le meilleur parti possible du *star system*, grâce à des contrats fabuleux.

Devenu « parlant », le cinéma perd, selon André Akoun, « ce caractère de grand-messe populaire qui était le sien entre 1900 et 1929 ». Chacun des pays qui se sont lancés les premiers dans l'aventure mesure d'autant mieux l'importance du nouveau média pour défendre et illustrer sa culture ou sa politique. Dès 1920, les Américains commencent par écarter les films étrangers de leurs 25 000 salles de cinéma. Ensuite, ils augmentent très sensiblement les budgets de chaque film : d'une moyenne de 40 000 ou 60 000 dollars en 1920, on passe, en 1930, à 200 000, et parfois davantage. Notons qu'une bonne part va, déjà, à la promotion publicitaire. Enfin, Hollywood se nourrit aux sources des cinémas étrangers, en position de faiblesse : l'expressionnisme allemand, l'avant-garde soviétique ou le surréalisme français.

Entre 1935 et 1950, l'usine à rêves repose sur deux piliers, édifiés partout en référence au modèle hollywoodien : le *star system* et le *studio system*. En même temps qu'elle garantit, presque à coup sûr, le succès d'un film, la star permet tous les jeux de l'identification. C'est ce que souligne André Akoun pour illustrer le mélange de la fiction avec la réalité : « L'adolescent qui s'appuie négligemment sur sa moto, l'homme qui joue à faire danser un glaçon dans son whisky [...], la jeune fille qui repousse des avances [...] sont-ils autre chose que les ombres portées [de] Mary Pickford, Lillian Gish [...] Greta Garbo, [...]

Humphrey Bogart ou Marlon Brando ? » On le voit, le cinéma donne forme aux désirs de chacun.

Jouer sur le bovarysme des spectateurs n'empêche guère le cinéma de se concentrer et de se hiérarchiser toujours davantage. En 1940, les majors réalisent près de 90 % du chiffre d'affaires d'Hollywood et possèdent plus de 4 000 salles. Les Européens obéissent pareillement aux lois du *studio system* : en France, Pathé et Gaumont monopolisent quasiment la production ; en Allemagne, l'État veille au contrôle de l'industrie cinématographique par un groupe restreint de producteurs ; en Italie, Mussolini inaugure les studios de Cinecittà (1937) et contrôle la production dans sa totalité.

Principaux indicateurs du cinéma dans le monde en 1997

	Allemagne	Espagne	États-Unis	France	Italie	Japon	Royaume-Uni
Nombre de salles	4 128	2 530	32 000	4 659	4 004 *	1 884	2 383
Films produits	61	85	570 *	163	87	278	124
Entrées (millions)	143,1	101,4	1 310	148,9	103,9	140,7	138,9
Part de marché du film national	16,7	13,1	97	34,2	30	41,5	16
Part de marché du film américain	70,5	68,2	97	52,5	49,1	55,6	81,7 *

Source : Les chiffres clés du CNC. Résultats statistiques du cinéma en 1997.
*1996

Le film : marchandise, moyen de propagande ou œuvre de l'esprit ?

A girl and a gun (une fille et un pistolet) : telle est, selon les Américains, la clef du succès d'un film. À côté des grandes productions, des *Dix Commandements* de 1923 au *Titanic* de 1998, on trouve des films moins coûteux, depuis ceux qui étaient programmés, à l'époque où la télévision n'existait pas encore, avant le grand film, comme « deuxième spectacle » – les *B movies,* ou séries B –, jusqu'aux téléfilms ou aux séries pour le petit écran.

L'usine à rêves d'Hollywood est présentée par certains comme le cheval de Troie de la culture et des entreprises américaines. Ce sont les mêmes qui, souvent, n'ont pas oublié l'avertissement de Lénine proféré en 1922 : « De tous les arts, le cinéma est le plus important pour la Russie. » Ou bien encore, celui de Staline, plus explicite, en 1924 : « Le cinéma est le plus grand moyen d'agitation des masses. »

À l'occasion des négociations du plan Marshall, les médiateurs américains obtiennent des Français qu'ils allègent les restrictions à l'importation des films d'Hollywood. L'accord Blum-Byrnes de 1946 annule ainsi le décret Herriot : aux quotas d'importation, il substitue un quota « écran », lequel réserve quatre semaines par trimestre aux films français. L'année suivante, l'occupation des écrans par les films français tombe de 50 à 30 %. Fin 1948, le quota « écran » passe de quatre à cinq semaines, et les quotas d'importation sont rétablis : sur 186 films autorisés à entrer en France, 121 proviennent des États-Unis. Créé en 1946, le Centre national de la cinématographie (CNC) apporte son soutien aux films français : il assure notamment le réinvestissement dans la production nationale d'une partie des recettes enregistrées en France par les films étrangers.

L'arrivée de la télévision, après 1950, bouleverse l'économie du cinéma partout dans le monde : le septième art, comme René Clair l'avait appelé, devient le navire amiral d'une flotte qui comprend, parmi ses vaisseaux, les cassettes vidéo, les téléfilms et les multimédias, sur disques ou accessibles sur Internet.

Loin de le condamner à disparaître, la télévision sauve le cinéma. Elle lui donne un deuxième souffle en l'invitant à innover, dans les années 50, sous la férule de nouveaux réalisateurs en Italie, en France, mais aussi aux États-Unis. Elle lui ouvre des débouchés inattendus et toujours plus nombreux : les films captent les grandes audiences, sur les chaînes généralistes comme sur les chaînes à péage (Canal + ou TPS). Elle participe toujours davantage à son financement, en l'assurant de surcroît de ses promotions et de ses œuvres dérivées. Le cinéma demeure ainsi la pierre angulaire de ce qu'il a inventé : le divertissement de masse.

En conséquence, aucun État ne s'interdit d'intervenir pour aider ou promouvoir le cinéma, voire pour en contrôler les contenus. Certes, les modalités de cette intervention varient considérablement : depuis les quotas de diffusion pour les chaînes françaises de télévision et les obligations de production qui leur sont imposées, jusqu'aux avances sur recettes, en passant par la chronologie des exploitations (en salle, d'abord, puis par les chaînes, enfin par les vidéoclubs). Du reste, l'écart entre les actes et les discours est plus considérable encore lorsqu'il s'agit de justifier ou de camoufler les subventions et les contrôles divers. L'invocation de l'« exception culturelle* » vise à soustraire le secteur « audiovisuel », et notamment le cinéma, à l'application générale et inconditionnelle des règles du marché et du commerce international. Le cinéma peut-il, ou doit-il, échapper à l'application du principe de libre-échange prévu par l'Organisation mondiale du commerce (OMC), successeur du GATT (General Agreement on Tariffs and Trade, accord général sur les tarifs douaniers et le commerce) ?

Pour justifier les interventions de l'État dans le cinéma, André Malraux, ministre français de la Culture entre 1958 et 1969, lançait déjà cet avertissement en forme de constat : « C'est un art, mais c'est aussi une industrie. » Alors que le cinéma fut d'abord une technique, ses œuvres sont aujourd'hui offertes sur un marché unique, à l'échelle du monde. C'est prendre un grand risque que de le présenter comme une marchandise simplement « différente des autres » : le cinéma est avant tout une « œuvre de l'esprit », pour parler comme les juristes, une œuvre de divertissement ou de culture.

25

Best-sellers du marché français de 1956 à 1998

	Titre	Année de sortie	Nationalité	Millions d'entrées
1	Titanic	1998	États-Unis	20,538
2	La Grande Vadrouille	1966	France, Grande-Bretagne	17,268
3	Le Livre de la Jungle	1968	États-Unis	15,287
4	Il était une fois dans l'Ouest	1969	Italie	14,863
5	Les 101 Dalmatiens	1961	États-Unis	14,661
6	Les Dix Commandements	1958	États-Unis	14,229
7	Ben Hur	1960	États-Unis	13,825
8	Les Visiteurs	1993	France	13,783
9	Le Pont de la rivière Kwai	1957	Grande-Bretagne	13,481
10	Les Aristochats	1971	États-Unis	12,482

Source : CNC info, n° 272, mai 1999.

La radio

Si la radio ne peut se prévaloir d'aucune invention – ni pour l'information, ni pour le divertissement –, elle n'en a pas moins changé les règles du jeu en ces domaines. Son aventure est mêlée, jusqu'en 1945, aux barbaries du siècle : c'est contre elle que le chef d'accusation de « viol des foules » a été retenu. À partir de cette date, ses démêlés avec le pouvoir – depuis les radios périphériques, simplement tolérées, jusqu'aux radios locales, enfin légalisées, en passant par les radios « libres » ou « pirates » – indiquent à tous les médias les chemins de la liberté. Pourquoi des règles à ce point différentes pour la radio (ou la télévision) de celles qui ont prévalu pour la presse imprimée : pourquoi ce qui est bon pour la première – la concurrence, les entrepreneurs privés – nuirait-il à la seconde ?

Après le piano et la photo

Le piano et la photo sont les signes distinctifs d'une bourgeoisie naissante : le piano permet à la musique de sortir du cercle étroit de l'aristocratie ; la photo, quant à elle, remplace le portrait sur les murs des nouveaux privilégiés. Ensemble, ils ouvrent la voie aux médias « audiovisuels » qui dominent le XXe siècle. La radio – ou radiodiffusion sonore – est leur chef de file, bien avant le cinéma.

En mars 1899, Guglielmo Marconi transmet des messages sonores par la voie des ondes hertziennes depuis Douvres, en Angleterre, jusqu'à Vimereux, en France. Ayant réussi, trois ans plus tôt, semblable transmission sur trois kilomètres, il a déjà déposé le brevet de la télégraphie sans fil ou TSF. En 1898, Eugène Ducretet réalise le même exploit, à Paris, entre la tour Eiffel et le Panthéon. Notons que la TSF est au confluent de découvertes antérieures : les lois de Maxwell sur l'électromagnétisme (1893), la transmission d'ondes radioélectriques (Hertz, 1887).

27

C'est seulement pendant la Première Guerre mondiale que la radio entre dans l'histoire en tant que média : en novembre 1917, une radio annonce depuis le croiseur *Aurore* que le soviet de Petrograd prend la tête de la résistance au gouvernement légal. Celui-ci avait fait briser, quelques heures seulement auparavant, les machines imprimant les journaux qui lui étaient restés fidèles. En battant la presse sur son propre terrain, la radio s'illustre là où personne ne l'attendait par son don d'ubiquité : ne devait-elle pas seulement permettre à des militaires engagés dans le conflit de s'échanger des messages à l'abri des oreilles indiscrètes ? Son histoire s'apparente sur ce point à celle du téléphone, dont on pensait qu'il servirait uniquement à écouter, chez soi, de l'opéra ou du théâtre.

En quelques années, la radio devient le premier média du son accessible à tous : elle est aux messages sonores ce que la presse et le cinéma sont déjà, respectivement, à l'écrit et à l'image. En 1920, les 50 000 récepteurs américains peuvent suivre, pour la première fois, une campagne présidentielle à la radio. En novembre 1921, le premier journal radiophonique est diffusé depuis la tour Eiffel. Une semaine plus tard, la BBC (British Broadcasting Corporation) est créée et la concession publique la place en position de monopole. En 1922, l'État français réaffirme par une loi de finances son monopole sur les ondes, mais concède en Conseil des ministres des autorisations précaires et révocables à des postes privés. Radiola peut ainsi s'installer à Levallois-Perret.

La radio s'impose entre 1918 et 1925 : « la grande route des sons », pour reprendre la définition qu'en donne David Sarnoff, fondateur de la National Broadcasting Corporation (NBC), est un média radicalement nouveau. Au téléphone, il emprunte une ubiquité parfaite : les messages sont reçus à l'instant même où ils sont émis, sans aucun délai. En outre, ces derniers atteignent instantanément tous les membres d'une population dispersée, qu'ils se trouvent chez eux ou ailleurs, qu'ils soient seuls ou rassemblés. Enfin, la radio remplit une fonction intermédiaire entre l'édition et la poste ou le téléphone : d'un côté, elle produit des messages qu'elle offre à un public libre de ne pas les recevoir ; de l'autre, elle donne à tous, à tout instant, la possibilité « de se mettre sur la longueur d'onde ».

La radio en cinq dates

1896. Guglielmo Marconi dépose en Grande-Bretagne le premier brevet de télégraphie sans fil (TSF), ancêtre de la radio.
1917. La révolution russe est annoncée au monde par TSF.
1922. Création, en France, de la première station privée, Radiola, par Émile Girardeau.
1935. Mise au point de la modulation de fréquence par Edwin H. Armstrong.
1940. Appel du général de Gaulle à la BBC, le 18 juin : « La flamme de la résistance ne doit pas s'éteindre et ne s'éteindra pas. »

La radio et le pouvoir

La radio est le premier média dans l'histoire capable d'atteindre en direct une audience dispersée et nombreuse. Ni la presse, ni le cinéma ne sont des médias de diffusion : avec la radio, le direct remplace le différé, l'immédiateté supplante la médiation, l'immatérialité des ondes marque sa puissance, comparée à la matérialité du papier journal ou à celle de la salle de cinéma. Léon Plouvier, évoquant ses souvenirs de directeur de Radio-PTT-Nord, raconte dans ses Mémoires : « On se hâtait de rentrer chez soi pour ne rien perdre de ces soirées. Plus de haltes dans les cabarets, plus de parties de cartes en face d'une canette. À tel point que le syndicat des débitants de boissons intervint à la mairie pour nous faire supprimer. »

Les atouts de la radio n'échappent guère au pouvoir politique. Les dirigeants de l'Union soviétique, dès sa naissance, en 1917, font de ce média un moyen pour propager leur bonne parole : en 1929, Radio-Moscou diffuse des programmes réguliers en plusieurs langues à destination des étrangers. Quelques années plus tard, Goebbels recommande à ses concitoyens d'ouvrir leurs fenêtres afin de permettre à la radio de faire entendre à tous la pensée nazie. En assimilant l'impact de ce média à un véritable conditionnement, selon le schéma de Pavlov, Serge Tchakhotine pourra évoquer, dans un livre célèbre de 1939, le « viol des foules par la propagande politique ».

Les États-Unis et la Grande-Bretagne se distinguent tout au long de l'entre-deux-guerres en adoptant pour la radio des formes d'organisation et des modes de financement qui tranchent avec ceux de la presse ou du cinéma. Tandis que la Grande-Bretagne invente la redevance, permettant à la BBC, érigée en monopole, de vivre sans le secours de la publicité, les États-Unis alignent dans la mesure du possible le régime de la radio sur celui de la presse. Après une période d'incertitude, il est décidé, en 1927, que c'est une agence fédérale, la Federal Radio Comission (FRC), devenue en 1934 la Federal Communications Comission (FCC), qui accordera aux stations leur autorisation d'émettre ou, en d'autres termes, le droit d'utiliser ce bien rare que constitue le domaine « public » des ondes hertziennes.

En Europe, la plupart des pays choisissent, dans l'entre-deux-guerres, une troisième voie entre la libre concurrence à l'américaine et le monopole public à l'anglaise. En France, de nombreuses stations privées sont créées, profitant de la brèche ouverte en 1922 par Radiola. En outre, en 1927, le gouvernement met en place au sein du ministère des PTT une direction de la radiodiffusion. Et en 1933, le Poste national, ancêtre de l'actuel Radio France, est ouvert, tandis qu'une redevance est instituée.

Toutes les concessions accordées aux stations privées sont annulées par ordonnance en mars 1945, quelques mois seulement avant la création, par décret, de la RTF (Radiodiffusion Télévision Française), laquelle est érigée en monopole. La station luxembourgeoise, qui deviendra RTL en 1956, constitue alors la seule exception : financée par la publicité, elle conquiert rapidement une audience très large. En 1955, Europe 1, qui émet depuis la Sarre, en Allemagne, donne la priorité à ses bulletins d'information, lus par une voix volontairement neutre. Mais c'est seulement en 1982 que le monopole de la radio est légalement abrogé : à une floraison incontrôlée de radios pirates ou libres succèdent, sur la bande FM, près de 1 500 stations autorisées par le Conseil supérieur de l'audiovisuel (CSA), équivalent français de la FCC aux États-Unis.

Les audiences particulières

Impériale dès les années 50, la télévision vole la vedette à la radio. Partout, elle fait un triomphe. C'est pourtant la radio qui, depuis sa naissance, a

frayé le chemin aux deux grands médias du
xxe siècle, la télévision et le multimédia. Marshall
Mc Luhan soulignait en 1964 dans *Pour comprendre
les médias* les atouts particuliers de la radio : « [Elle]
touche les gens dans leur intimité. C'est une relation
de personne à personne, qui ouvre tout un monde
de communication tacite entre l'auteur-speaker et
l'auditeur. C'est là le côté direct de la radio. […] Des
profondeurs subliminales de la radio surgit l'écho
résonnant des trompes tribales et des tambours
antiques. »

À côté du cinéma, la radio indique le chemin à la
télévision. C'est avec la première que naissent les
institutions qui accueilleront la seconde dès ses premiers pas : la BBC, le Columbia Broadcasting
System (CBS) ou la RTF. C'est également la radio
qui invente, pour les médias futurs, de nouveaux
programmes susceptibles de « plaire et de séduire »
les audiences les plus étendues et les plus diverses.
Elle innove, après 1945, avec des émissions origi-
nales dont les fleurons se nomment, en France : *On
chante dans mon quartier, Reine d'un jour, La Famille
Duraton.* Dans les années 50, elle « amène les journalistes au micro », pour reprendre l'expression de
Louis Merlin, ancien directeur d'Europe 1.

Après 1960, la radio donne aux autres médias la
clef de la croissance : la diversification des programmes. Malgré cela, l'arrivée des transistors, en
1959-1960, passe inaperçue. Pourtant, c'est la
miniaturisation des récepteurs et leur autonomie
enfin conquise grâce à cette technique qui inau-
gurent la segmentation des audiences, la « démas-
sification » des « mass media ». Des émissions

comme *Salut les copains* ou les interventions à la radio du général de Gaulle pendant la guerre d'Algérie annoncent cette ère nouvelle : celle des publics ciblés et homogènes, ou des thèmes bien circonscrits, moins fédérateurs mais plus attractifs.

Moins de vingt ans plus tard, avec la bande FM, la radio va jusqu'au bout de cette logique. Les programmes se multiplient tandis que les audiences visées deviennent plus étroites : les jeunes, les mélomanes, les amateurs de jazz... La radio offre la possibilité à certaines communautés ou à certaines « tribus » sociales de s'affirmer, de s'afficher, voire de prendre conscience de leur propre existence. Aujourd'hui, le numérique* permet à la radio de poursuivre sa progression dans la voie des audiences particulières. Chemin faisant, ce média se banalise, par l'usage et par l'usure.

La télévision

Aucun média n'aura autant marqué le XXe siècle que la télévision. Ni la presse, à laquelle elle emprunte ses professionnels pour ses premiers journaux télévisés. Ni le cinéma, ni la radio sur les brisées desquels elle marche sans vergogne pour remplir ses écrans et conquérir ses audiences. Entre 1950 et 2000, son aventure est mêlée aux progrès de la technique et à tous les combats pour la liberté. « Fenêtre sur le monde », grâce aux câbles et aux satellites, la « néotélé » est toujours plus abondante, plus diverse, à la fois locale, régionale et planétaire. Sans nul doute, son influence est considérable, même si elle l'est moins sur les élections que sur le climat d'opinion et l'état du monde. Est-elle pour autant un art, comme le cinéma ? Peut-elle égaler la presse sur le terrain de l'information ?

La télévision de 1950 à 2000

Le mot « télévision » a existé avant la chose qu'il caractérise : utilisé pour la première fois à l'occasion de l'Exposition universelle de Paris, il désigne d'abord la transmission à distance d'images animées et sonorisées. La découverte de cette technique remonte à 1923; l'image transmise grâce aux ondes hertziennes par le Britannique John Logie Baird ne comporte que seize lignes. Les premiers essais sont concluants, d'abord aux États-Unis, en 1928, puis en France, trois ans plus tard, grâce à René Barthélemy et Henri de France. La première émission officielle est diffusée depuis la tour Eiffel en cent quatre-vingts lignes le 25 avril 1935 à vingt heures quinze. L'Angleterre lance son premier programme officiel en 1936. En 1939, l'émetteur de la tour Eiffel transmet quinze heures de programmes par semaine en quatre cent cinquante-cinq lignes. Enfin, en 1949, les 1 500 téléviseurs en service dans la région parisienne reçoivent le journal télévisé deux fois par jour en huit cent dix-neuf lignes.

L'histoire de la télévision commence seulement au milieu du siècle. Dès 1948, la FCC autorise l'ouverture de plus de cent stations : en se syndiquant, la majorité d'entre elles donnent naissance aux futurs réseaux – les *networks* – CBS, NBC et ABC (American Broadcasting Company). En France, les premières ventes massives de téléviseurs coïncident avec la retransmission, depuis Londres, le 2 juin 1952, du couronnement de la reine Elisabeth II. Déjà, les producteurs de cinéma et les responsables de théâtres s'inquiètent pour l'avenir, face à une concurrence à leurs yeux redoutable. En 1960, John F. Kennedy est élu Président des États-Unis :

35

unanimes ou presque, les journalistes et les politiques attribuent son élection à ses prestations télévisées. Désormais, la télévision est censée déterminer
les élections, faire et défaire les réputations.

En moins d'une décennie, elle est devenue un
« mass media ». Curiosité technique avant 1950, elle
a conquis le plus grand nombre sur les brisées de
ses devanciers : la presse, le cinéma, la radio. Elle
leur impose ses règles dans les domaines de l'information, du divertissement et de l'animation. Dans
les pays les plus développés, elle obéit aux lois des
oligopoles : deux ou trois chaînes sont en situation
de concurrence, alors même que subsiste le monopole public sur les ondes et les programmes. En
France, la deuxième et la troisième chaîne sont
respectivement inaugurées en 1964 et 1972.

36   La naissance aux États-Unis du *Home Box Office*
(HBO) en 1975 marque l'entrée de la télévision dans
son deuxième âge : accessible par des câbles
coaxiaux et non plus par les traditionnelles ondes
hertziennes, relayée d'Est en Ouest grâce à des satellites, la nouvelle chaîne, payante, diffuse seulement
des films de cinéma. Inattendue, la nouveauté est
double : d'un côté, la télévision abandonne le système du « tiers payant » puisque le téléspectateur
souscrit directement un abonnement auprès du
diffuseur ; de l'autre, elle brise le carcan de la rareté
hertzienne pour entrer dans l'ère de l'abondance et
de la diversité avec un quarté gagnant qui comprend
le cinéma, le sport, l'information et les programmes
pour enfants. De plus en plus nombreuses, les
chaînes dites « thématiques » ou spécialisées apparaissent bientôt comme des compléments heureux

ou indispensables aux chaînes généralistes, plutôt que comme des suppléments facultatifs et superflus.

À la faveur du numérique – c'est-à-dire la traduction des sons et des images dans le langage de l'informatique, fait d'une succession de 0 et de 1 –, la télévision entre dans son troisième âge, quelques années avant la fin du siècle. Déjà, la famille des disques compacts s'est considérablement agrandie : depuis les CD audio jusqu'aux DVD-Vidéo ou Rom, en passant par les CD-Rom. Les sons, les images, mais aussi les textes et les graphiques sont maintenant accessibles, sur simple demande, à partir du téléviseur familial. Avec la télévision numérique par satellite – *DirecTV* –, inaugurée aux États-Unis en 1994, l'interactivité* ouvre de nouvelles perspectives à la télévision. Tout est soudain accessible grâce au téléviseur : des films, des informations, mais aussi divers services jusqu'ici réservés à l'ordinateur. Ainsi, après l'abondance – les 20, 100 ou 500 chaînes –, la télévision découvre l'interactivité peu avant l'an 2000 : c'est le téléspectateur qui donne désormais rendez-vous à la télévision.

Cinq grands événements qui ont fait la télévision

1936. Retransmission des Jeux Olympiques de Berlin dans les grandes villes d'Allemagne.
1948. Arrivée du Tour de France retransmis en direct grâce à deux caméras.
1949. Lancement, en France, de la première chaîne de télévision, avec la diffusion d'un journal quotidien.
1952. Premier direct international à l'occasion du couronnement de la reine Elisabeth II.
1968. Démarrage des ventes de postes TV couleur pour les Jeux Olympiques de Grenoble.

Des régimes introuvables

À quelles règles les diffuseurs sont-ils contraints d'obéir ? Quel est leur mode de fonctionnement ? Ils sont nombreux et divers : publics ou privés, locaux ou planétaires, généralistes ou thématiques, gratuits ou payants, conventionnels ou interactifs, hertziens, par câbles ou satellitaires… Pareille diversité décourage toute tentative de classification. Trois questions permettent néanmoins, non d'établir une typologie des régimes applicables aux diffuseurs de télévision, mais de déterminer les critères qui les distinguent les uns des autres.

1. Qui est à l'origine de la création des entreprises qui proposent les programmes de télévision au public ? L'État ? Des entreprises privées ? Des sociétés de droit privé à capitaux publics ? Des associations ? Toutes les formules existent depuis les origines de la télévision. Le schéma est réducteur qui oppose les monopoles publics à l'européenne aux diffuseurs privés, soumis, comme aux États-Unis, aux seules lois de la concurrence.

2. Qui finance ces entreprises ? L'État ? Une redevance assimilée à une taxe parafiscale, comme en France ? Les annonceurs* publicitaires ? Les téléspectateurs eux-mêmes, sous forme d'abonnement, comme pour Canal +, ou à la séance, pour certains films ou certains matchs de football ? Ici encore, les diverses formules existent dans un nombre toujours plus élevé de pays.

3. De quel degré de liberté les diffuseurs jouissent-ils pour établir leur grille ? Pour déterminer le contenu des différents programmes, qu'il s'agisse

des fictions ou de l'information, du choix de l'origine des films ou de la finalité des autres programmes ? Pour ouvrir leur antenne à tous les courants d'opinion, aux différents partis politiques, aux diverses confessions ? Là aussi, les règles sont très diverses, tout comme les modalités de contrôle des diffuseurs et celles, éventuelles, des sanctions à leur encontre. Dans ce contexte, seule l'analyse de l'histoire de la télévision dans les différents pays permet d'éviter le piège des comparaisons hâtives ou des rapprochements trompeurs. Pour ses homologues européens, la télévision américaine est apparue, dès ses débuts, à la fois comme un repoussoir et une source d'inspiration. À l'inverse des Américains, les Européens ont considéré qu'il ne fallait pas « abandonner » la télévision à l'initiative ou aux intérêts privés. Ils ont donc confié aux États le soin de mettre en place les organismes concernés. Vis-à-vis des monopoles qu'ils instituaient – la BBC, la RTF ou la RAI *(Radio Audizioni Italiana)* – les États agissaient, selon des formules variées, comme législateurs, « réglementeurs », administrateurs, financiers ou gestionnaires. L'Europe a ainsi fait pour la télévision le choix inverse, non seulement de l'Amérique, mais également de celui qu'elle avait elle-même fait pour la presse au XIXe siècle : les journaux y étaient fondés par des entrepreneurs privés, sans autorisation préalable.

L'histoire comparée des télévisions européennes met en lumière, pour les années 70 et 80, la fin des monopoles publics et l'essor impérial des diffuseurs privés. Ce sont les progrès de la technique qui ouvrent les premières brèches dans les monopoles, avec la création d'une deuxième chaîne en 1964 en France, en 1969 en Suède, en 1972 en Italie, et avec l'entrée de la télévision dans son deuxième âge, grâce aux câbles et aux satellites, après 1975. Pourtant, ces coups de boutoir ne peuvent pas suffire : encore faut-il qu'après avoir renoncé à leur crédibilité sur le terrain de l'information les monopoles publics perdent également leur légitimité. Pourquoi, s'interroge-t-on, ne pas étendre à la télévision les règles qui font de la presse un instrument de liberté ?

L'Italie donne l'exemple à l'Europe : deux arrêts de 1974 et 1976 prononcés par la Cour constitutionnelle frappent d'inconstitutionnalité le monopole d'État de la RAI. À la faveur de ces jugements, Silvio Berlusconi s'engage dans l'aventure de la télévision par câble, autour de Milan, avant de jeter des ponts hertziens pour ses programmes nationaux. Partout en Europe, l'ascension des diffuseurs privés est irrésistible : avec Canal + en France fin 1984, suivi des premières versions de la 5 et de la 6 en 1985, Channel 4 en 1982 pour l'Angleterre et, pour l'Allemagne, Sat 1 et RTLTV en 1985.

Toujours spectaculaire, l'essor des télévisions privées n'a pas obéi partout au même scénario. C'est par la loi du 29 juillet 1982 que la France abroge, au moins formellement, le monopole public de programmation. En d'autres termes, elle garantit le droit à des diffuseurs privés de proposer des chaînes de télévision, sous réserve d'une autorisation préalable. C'est également par des lois que l'Espagne et la Grèce mettent fin au monopole, respectivement en 1988 et 1989. La Suède consent à l'arrivée d'une chaîne en suédois par le satellite luxembourgeois *Astra*, émise depuis Londres et financée par un milliardaire domicilié à New York. La Hollande donne son feu vert pour la réception de RTL4, *via Astra*, mais la loi en vigueur reste la même. Le Parlement helvétique, quant à lui, entrouvre la porte aux diffuseurs privés par une loi fédérale le 1er avril 1992.

**Durée d'écoute en minutes
par individu en Europe et aux États-Unis (1998)**

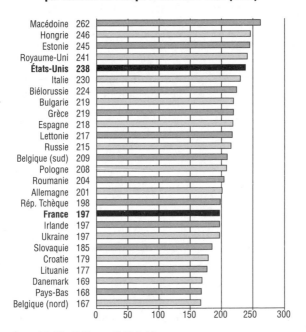

Macédoine	262
Hongrie	246
Estonie	245
Royaume-Uni	241
États-Unis	**238**
Italie	230
Biélorussie	224
Bulgarie	219
Grèce	219
Espagne	218
Lettonie	217
Russie	215
Belgique (sud)	209
Pologne	208
Roumanie	204
Allemagne	201
Rép. Tchèque	198
France	**197**
Irlande	197
Ukraine	197
Slovaquie	185
Croatie	179
Lituanie	177
Danemark	169
Pays-Bas	168
Belgique (nord)	167

Source : Television 99, European Key Facts, I.P.

Selon le CNC, « en 1998, chaque téléspectateur a regardé en moyenne 86 heures de films et 272 heures de fictions télévisées. Plus de 1 100 films ont été diffusés par les chaînes généralistes et 446 films par Canal +. »

41

Les procès et les défis

Aucun média, avant la télévision, n'avait inspiré autant de craintes : là réside sans doute l'ultime explication de l'empilement des règles comme des tergiversations qui l'entourent. De la presse, Balzac avait, certes, dit en 1840 que « si [elle] n'existait pas, il ne faudrait pas l'inventer ». Mais les procès à l'encontre de la télévision furent infiniment plus nombreux et retentissants après 1960. Jean Cazeneuve répertorie sept sujets d'interrogations « qui sont, aux yeux de beaucoup de nos contemporains, des motifs d'inculpation » : son indépendance relative, son goût pour le spectacle, sa démagogie, son appel à l'émotion, son mépris pour la culture, ses multiples violences et ses préférences pour le divertissement.

Si ce réquisitoire est, comme le souligne Jean Cazeneuve, souvent injuste, il n'en désigne pas moins les questions soulevées par une opinion inquiète et les réponses que les gouvernants sont censés leur apporter. À quels principes les diffuseurs doivent-ils obéir ? Quelles limites faut-il imposer à leur liberté ?

L'inquiétude est déjà grande aux États-Unis avant la fin des années 50. Les universitaires et les hommes du Congrès dénoncent le mélange, dans les mêmes émissions, de la publicité, de l'information et du show business. Leur réquisitoire aboutit à la création, en 1967, d'un réseau public, le Public Broadcasting System (PBS), financé non par la publicité mais par des dons et soustrait du même coup à la tyrannie des sondages et de l'audience. Moins de quinze ans plus tard, les télévisions européennes se convertissent les unes après les autres à la formule américaine de la « régulation » par une agence indépendante. Le CSA, héritier en 1989 de la Haute Autorité de 1982, répond à ces mêmes préoccupations – ou à ces mêmes nécessités – qui ont présidé, aux États-Unis, à la création de la FRC en 1927 pour la radio et de la FCC, en 1934. Il s'agit de faire autrement un droit tout différent, le plus souvent contractuel et élaboré au nom de l'intérêt commun par des professionnels indépendants. Par conséquent, le but est d'établir une régulation d'un troisième type, intermédiaire entre celle des lois et des règlements, dont l'État est l'instrument ou l'agent, et celle du marché, dont les ajustements et la concurrence sont la règle d'or.

Faut-il parler de convergence entre des régimes jusque-là opposés par leurs principes fondateurs ? Beaucoup moins, sans doute, que d'emprunts réciproques, trop limités pour aboutir à des similitudes autres qu'apparentes. Mieux vaut interpréter les variations ou les incertitudes du droit de la télévision comme étant l'expression de cette difficulté commune à relever les défis lancés à nos sociétés par le média le plus impressionnant du XXe siècle ; un « géant timide », selon l'expression de Marshall Mc Luhan.

Équipement audiovisuel des foyers TV en France
(soit 93,6 % des foyers en 1998)

	1993	1998
Équipement couleur	97,6 %	99,0 %
Multiéquipement	31,7 %	37,3 %
Télécommande	84,4 %	94,6 %
Magnétoscope	60,7 %	76,5 %

Source : Médiamétrie, *L'Année TV 1998*.

L'Internet

L e multimédia permet la restitution sur un même écran, celui d'un ordinateur, d'un téléviseur ou d'un téléphone, de documents différents – textes, graphiques, documents sonores, images fixes ou animées, muettes ou sonorisées – auxquels il est possible d'accéder à son gré, par juxtaposition ou par superposition. Ce qui singularise ce moyen de communication, c'est tout à la fois le mélange qu'il opère entre des formes différentes d'expression, de représentation ou de communication et cette possibilité qu'il offre de « naviguer » à sa guise de l'une à l'autre, de « surfer » comme on le veut et quand on le veut, selon le mode du « pointer et cliquer ».

Le multimédia est accessible de deux manières : hors ligne *(off line)*, sur un support autonome, comme le CD-Rom ou le DVD, lu par un lecteur baladeur ou un équipement de salon ; en ligne *(on line)*, le terminal à écran de l'usager étant connecté à un réseau qui permet d'accéder à des fournisseurs d'informations, de divertissements et de transactions.

Au départ,
la numérisation des signaux

Au tournant des années 80, plusieurs innovations donnent le coup d'envoi d'une nouvelle aventure pour les médias et chacune trouve son origine dans une utilisation inédite de l'informatique. D'abord, lorsque celle-ci s'allie aux télécommunications pour donner naissance, peu avant 1980, à la télématique française avec le Minitel. Certes, la téléinformatique existait depuis longtemps et dans de nombreux pays : dès le milieu des années 60, les ordinateurs de vastes organisations – les banques, les compagnies d'assurances, les agences de tourisme – communiquent déjà les uns avec les autres grâce à des réseaux spécialisés de télécommunications. Mais la télématique va plus loin : elle offre à tout le monde ce qui était jusque-là réservé à quelques-uns. Plus ou moins nombreux et divers, des services d'information sont ainsi « mis en ligne », accessibles sur demande par n'importe qui, « au bout des doigts ».

Lancée en 1979, la télématique à la française précède de peu la vente au public, d'abord mise en place aux États-Unis en 1981, des premiers ordinateurs personnels, les PC *(Personal Computer)*, fabriqués par IBM. C'est avec le lancement de son concurrent, en 1984, le célèbre Mac, d'utilisation plus facile et plus « convivial », que la micro-informatique se répand auprès du « grand public » : l'ordinateur n'est plus seulement au bureau, il est également présent à la maison et à l'école. L'informatisation de la société, pour reprendre le

45

titre d'un rapport remis au président de la République française par Simon Nora et Alain Minc en 1978, vient de franchir un pas décisif.

Tandis que Macintosh entame le quasi-monopole d'IBM, Philips et Sony se lancent cette même année 1984 dans la commercialisation des disques compacts audio, les fameux CD. Quatre ans plus tard, on vend plus dans le monde de CD que de disques microsillons en vinyle. Jamais un standard n'en avait remplacé un autre en si peu d'années. Les sons et les images sont désormais traduits dans le même langage numérique qui permet aux textes et aux graphiques de circuler d'un ordinateur à un autre, grâce au réseau du téléphone. Depuis, la famille des CD n'a cessé de s'agrandir : CD-Rom, en 1985, avec des textes et des images fixes ; CD-RomXa, en 1988, avec en plus de la vidéo ; CD-Vidéo, en 1992, pour lire les films sur un téléviseur ; *Digital Versatile Disc* (DVD), enfin, en 1997, qui est un véritable CD à tout faire, connecté à un téléviseur ou à un ordinateur.

Le multimédia est né au confluent de ces trois innovations, chacune illustrant ce que l'on peut appeler la révolution numérique : l'alliance, au bénéfice de tous, de l'informatique et des télé-communications ; la diffusion dans toutes les couches de la société des ordinateurs individuels ; l'agrandissement de la famille des CD et le succès de chacun de ses représentants, depuis le CD audio jusqu'au DVD en passant par le CD-Rom. Avant d'être en ligne, le multimédia a été hors ligne, mais bientôt la frontière s'estompe entre les deux, le terminal à écran ayant la possibilité de mélanger les informations accessibles par les réseaux avec celles qui sont issues de supports autonomes.

Le numérique en cinq dates

1973. Le Français Francis Gernelle invente le premier micro-ordinateur au monde : le Micral.
1981. Lancement de la télématique à la française, avec le Minitel.
1984. Commercialisation des CD audio.
1994. Lancement, aux États-Unis, du bouquet* numérique de télévision par satellite, *(DirecTV)*, avec des services interactifs, deux ans avant les trois bouquets français.
1999. On envisage le remplacement du magnétoscope par un disque dur, pour l'enregistrement des programmes présélectionnés.

47

L'Internet et le multimédia

Avec le CD de 1984, la numérisation du son ne fait que commencer : l'un après l'autre, tous les maillons de la chaîne du son et de l'image adoptent le langage universel de l'informatique, depuis l'émission jusqu'à la réception. Ainsi, le numérique fédère les écrits, les sons, les images et les données sur les mêmes supports ou sur les mêmes vecteurs, sur des disques comme dans les réseaux de communication.

Sans le numérique – donc l'informatique, dont il est le langage – le multimédia ne serait pas né. Pour le monde des médias, le bouleversement est double. D'un côté, une seule et même technique mélange pour la première fois des formes d'expression ou des catégories de signaux qui avaient chacune leurs médias attitrés : c'en est fini de la belle harmonie où l'écrit, l'image, le son et les données informatiques ont chacun leurs outils de prédilection. D'un autre côté, en les mélangeant sur les mêmes disques ou dans les mêmes « tuyaux », le numérique permet de passer d'une forme d'expression à une autre d'un simple clic de souris, et ce grâce à l'hypertexte* et à l'hypermédia*.

Pourtant, les CD-Rom et les CD-I (interactifs, lisibles par un téléviseur) ne constituent pour le multimédia qu'une préfiguration, qu'une sorte de brouillon, même s'ils représentent un changement radical pour nos usages et nos manières de penser. La révolution du multimédia ne se résume pas aux progrès du numérique, à la généralisation du langage informatique, à l'alliance désormais consommée entre l'informatique et tous les éditeurs de « contenus », jusque-là familiers des médias traditionnels que sont la presse, le cinéma, la radio ou la télévision.

Condition nécessaire de l'avènement du multimédia, le numérique ne pouvait lui suffire : c'est l'Internet, après 1992-1993, qui favorisera son essor spectaculaire en même temps qu'il permettra d'en expérimenter les ressources et d'en imaginer les potentialités. Sans l'Internet, le multimédia aurait donné naissance à des œuvres certes utiles, performantes et prometteuses – des encyclopédies enrichies de vidéo, des musées virtuels, des banques de données attractives, des catalogues superbement enjolivés et faciles d'accès –, mais ces réalisations n'auraient jamais été autre chose que les prolongements plus ou moins heureux des livres illustrés ou des jeux vidéo.

C'est seulement en 1992-1993 que les serveurs multimédia sont accessibles depuis n'importe quel ordinateur relié à l'Internet grâce aux liens hypertextes et hypermédias. Inventé en 1989 par Timothy Berners-Lee, du Centre européen pour la recherche nucléaire (CERN) de Genève, le procédé de consultation de l'Internet donne naissance au World Wide Web – ou plus simplement Web –, la toile mondiale. Ce dont Mc Luhan avait rêvé au début des années 60, le Web l'a réalisé en 1992-1993 grâce à des logiciels de navigation comme *Mosaïc* : la possibilité d'accéder à distance sur son écran personnel à toutes sortes de programmes ou de services multimédia, avec des textes, des paroles, de la musique et des images.

L'Internet en cinq dates

1969. Ouverture du réseau ARPANet, ancêtre de l'Internet, par l'Agence, créée en 1957, pour les projets de recherche avancée (ARPA) du ministère américain de la Défense, pour les besoins de l'armée. Le réseau relie quatre universités américaines.
1974. Invention par Vinton Cerf et Robert Kahn des deux protocoles TCP/IP (*Transmission Control Protocol over Internet Protocol*), qui permettent aux ordinateurs de communiquer entre eux.
1989. Naissance du World Wide Web (WWW : la toile), grâce à l'hypertexte inventé par Robert Cailliau et Tim Berners-Lee, du CERN.
1994. Lancement de *Netscape Navigator*, premier logiciel gratuit de navigation sur le Net (*Mosaïc*, de 1993, était payant) ; création de *Yahoo !*, le premier moteur de recherche, n° 1 en 2000, avec 34 millions de visiteurs par mois.
2000. AOL, premier fournisseur d'accès au Net, prend le contrôle de *Time Warner*, premier groupe mondial (presse, cinéma et télévision) : l'Internet s'ouvre au grand public.

Avec le courrier électronique et les groupes de discussion, l'Internet, fédération de réseaux disparates, réseau de réseaux permettant de relier entre eux les

ordinateurs du monde entier grâce à ses deux protocoles, TCP et IP – un langage permettant aux ordinateurs de se comprendre et un système opérant
l'adressage des messages entre eux, tous deux inven-
tés en 1974 et rendus publics en 1980 –, n'est plus
seulement un moyen d'expression et de communication. Avec le Web, il devient à la fois le plus grand
journal du monde, la bibliothèque rassemblant le
plus grand nombre de livres, l'hypermarché le mieux
approvisionné et le musée imaginaire dont Malraux
n'avait jamais osé rêver. Les services du Web peuvent
tous être multimédia : les renseignements de la
météo et les jeux en réseau aussi bien que les informations présélectionnées ou « sur mesure » comme
les documents des banques de données.

Internet dans les pays développés en 1998

Rang	Pays	Nombre d'ordinateurs reliés pour 1 000 habitants
1	Finlande	108
2	États-Unis	88,9
3	Islande	78,7
4	Norvège	71,8
5	Canada	53,5
6	Nouvelle-Zélande	49,7
7	Australie	42,7
8	Suède	35,1
9	Pays-Bas	34,6
10	Suisse	27,9
23	France	7,9

Source : *Libération* (27 août 1999).

L'Internet n'est pas un Minitel amélioré : mondial,
décentralisé, il est également multimédia. Privée de

sons et d'images, la télématique française des années 80 était triste alors que l'Internet ajoute toujours davantage de sons et d'images aux textes et aux graphiques. Il transfigure la télématique dans la voie que la France a choisie la première avec le Minitel. Il donne rétrospectivement un sens aux alliances qui ont été conclues, après 1975, entre l'audiovisuel, l'informatique et les télécommunications. Enfin, il permet d'imaginer toutes les potentialités des réseaux multimédia du futur.

Le multimédia et les autres médias

Hors ligne ou en ligne, en version autonome – CD-Rom, DVD-Rom – ou en version connectée – avec l'Internet –, le multimédia fédère, au moyen du langage numérique, les mondes de l'écrit, de l'audiovisuel et les données informatiques. Il n'est pourtant pas seulement le résultat d'une addition, ni même celui d'un mélange. Ses capacités n'en font pas davantage un média « tout en un », commode et performant grâce à l'hypermédia, même si les médias traditionnels se conjuguent, s'affrontent et se superposent en lui.

Le multimédia offre surtout la possibilité à chacun des médias traditionnels de se surpasser. Avec l'hypertexte, il libère le texte écrit de sa linéarité chaque fois qu'il le faut. Avec ses arrêts sur image, ses bonds en avant, ses retours en arrière, ses raccourcis, ses chemins de traverse, il libère la radio et la télévision de leurs grilles horaires, des contraintes de leurs chaînes ou de leurs stations.

51

Enfin, il enrichit et il internationalise la télématique des années 80 ; il permet en d'autres termes à chaque média de triompher de handicaps que l'on avait crus insurmontables.

On évoque souvent la « convergence » entre le téléviseur, l'ordinateur et le téléphone à propos des alliances conclues depuis 1975. Il serait plus juste de souligner le désenclavement des trois univers et la découverte, par chacun, des atouts des deux autres. Dès le début des années 90, l'informatique rencontre l'audiovisuel grâce à de nouveaux algorithmes comme le MPEG 1 : des images apparaissent sur les écrans d'ordinateur. Les télécommunications, de leur côté, se mettent à faire autre chose que du téléphone traditionnel : en 1995, les réseaux transportent cinq fois plus de paroles que de données, en 1998, les données sont à égalité avec les paroles, et l'on prévoit qu'il y aura en 2002 deux fois plus de données que de paroles. L'audiovisuel, enfin, découvre l'interactivité grâce à l'informatique, en même temps que les effets spéciaux et les images « virtuelles ». Alain Staron, l'inventeur des services interactifs de TPS (télévision par satellite) en France, peut ainsi saluer l'arrivée de ceux qu'il appelle des « télénautes », aux côtés des internautes.

À l'aube du XXIe siècle, le multimédia en ligne n'a pas encore trouvé ses véritables usages : il se borne souvent à prolonger ou à compléter les anciens médias en catalysant leurs performances, en tirant un parti différent de leurs atouts les plus avérés. Entremêlant l'écrit et l'audiovisuel, qui ne l'avaient jamais été à un tel degré, le multimédia les réconcilie.

Il contribue ainsi à clore ce débat qui s'est inlassablement nourri, depuis le VIe siècle, des arguments invoqués par les iconoclastes. Le multimédia – et ce n'est sans doute pas le moindre de ses mérites – dissipe un malentendu que les autres médias, et notamment la télévision, ne manquaient pas d'entretenir lorsqu'ils étaient encore rares et peu diversifiés : il nous empêche d'oublier que les médias ne sont rien d'autre que de simples outils, utiles certes, voire indispensables, à condition toutefois d'être utilisés seulement quand leurs performances le justifient ; pas tout le temps, pas n'importe où ni pour n'importe quoi.

L'information

Les *news* sont une invention de la presse quotidienne : l'information moderne est née le jour où des nouvelles ont été offertes sur un marché, au XIXᵉ siècle, sur la vague de la révolution industrielle et des libertés enfin conquises, au moins formellement. C'est cette même information, avec ses enjeux, ses disciplines et aussi ses limites, qui a trouvé de nouveaux eldorados avec la radio, la télévision et l'Internet. Chacun à leur façon, ces nouveaux territoires constituent pour elle à la fois une chance et un défi.

Des nouvelles à l'information

Les journaux quotidiens ont inventé les *news* – l'information – au XIXᵉ siècle, sur fond de révolution industrielle et de combat pour les libertés personnelles et politiques. Ce sont eux – du *Times*, l'ancêtre, fondé à Londres en 1785, au *Wall*

Street Journal, créé à New York en 1889 – qui assignent aux journalistes leur mission : raconter « ce qui se passe » dans l'actualité. Ils font de l'information non seulement leur raison d'être, leur ultime finalité, mais également une institution à part entière, avec ses techniques, ses professionnels, ses disciplines.

Jouissant d'une liberté plus grande que ses confrères, le *Times* joue un rôle décisif dans cet avènement. Après qu'il a accrédité sa réputation d'indépendance vis-à-vis du gouvernement, allant jusqu'à prendre parti, en 1821, pour la reine Caroline contre son mari George IV, lequel intentait un procès d'adultère à cette dernière, le quotidien crée un réseau de correspondants et s'efforce de faire la part égale entre la « petite » actualité, les nouvelles locales, et la « grande » actualité, les nouvelles nationales et celles provenant de l'étranger.

Le *Times* innove également sur le terrain de la présentation : il attache une importance toujours plus grande à la formulation des nouvelles et à la mise en pages des rubriques, introduisant notamment des sous-titres afin de rendre la lecture plus facile. Quelques années plus tard, des agences de presse sont créées qui commencent à mailler le monde avec leurs réseaux de correspondants : ancêtre de l'Agence France Presse, Havas est fondée en 1835. L'agence allemande Wolff ouvre ses services en 1849 et la britannique Reuter deux ans plus tard. Elles se donnent une envergure internationale, dès leurs débuts, à la différence de leurs homologues américaines

Associated Press et United Press, ouvertes respectivement en 1848 et en 1907.

Amorcée par l'Angleterre, la professionnalisation
du journalisme se poursuit aux États-Unis jusqu'à
la fin du XIXe siècle. Ce sont les défectuosités du
télégraphe qui imposent aux correspondants les
premières règles du journalisme, pendant la guerre
de Sécession : la pyramide inversée qui établit le
principe de la synthèse avant l'exposé des détails,
afin de déjouer les interruptions du télégraphe ; le
respect des cinq W de l'amorce – *Who ? What ?
When ? Where ? Why ?* –, pour que le récit soit
exhaustif ; enfin, la recommandation d'un style imper-
sonnel et dépouillé, accessible à tous les lecteurs.

Le succès des journaux apporte au journalisme
américain d'autres règles ; celles qui répondent à
l'idéal d'objectivité. Elles suivent l'irrésistible mouvement de concentration des groupes de presse : la
logique du grand nombre les oblige à offrir des
rubriques nombreuses, sans jamais s'exposer au
soupçon de partialité.

Avant que le siècle ne touche à sa fin, les écoles et
les associations de journalistes assuraient déjà la
pérennité de ces règles que, spontanément, les
correspondants de la guerre de Sécession et leurs
successeurs immédiats s'attachaient à respecter.
Avec son savoir-faire et sa discipline, le reportage
était ainsi devenu le modèle du journalisme anglo-
saxon, son alibi et son excellence. Il reléguait les
« nouvelles » rédigées par Renaudot et Girardin
dans la préhistoire du journalisme, faisant de
l'information une institution cardinale des démocraties modernes.

56

Les deux modèles : le reportage et la chronique

Après s'être difficilement émancipé de la littérature et de la politique, le journalisme de l'Europe continentale se convertit aux techniques et aux valeurs du reportage dès les premières années du XXᵉ siècle.

Zola déplore la transformation du journalisme par « l'information », la fin des « grands articles » au profit des dépêches d'agences. À l'inverse, Hugues de Roux, journaliste au *Temps,* se félicite en 1889 de la conversion de ses confrères aux disciplines du reportage : « L'ancien chroniqueur, l'homme d'esprit, de bons mots et de propos à bâtons rompus est détrôné par un écrivain moins soucieux de briller mais mieux informé des sujets qu'il traite : le reporter. »

Contrastés, ces diagnostics illustrent les nostalgies et les querelles du journalisme continental. C'est la chronique, et non le reportage, qui profite de l'essor des quotidiens, avec la Restauration et sous la monarchie de Juillet. Selon Pierre Albert, la chronique – ou l'« article de commentaire » – « visait à expliquer et à convaincre plus qu'à exposer ; il se rapprochait plus de la dissertation que de la narration ». En Europe, le reportage ne réussit pas à se faire une place égale à celle qu'il occupe en Amérique du Nord, entre les communiqués officiels et les articles d'humeur ou de commentaire : en France, il apparaît notamment sur le terrain des faits divers, plus nombreux dans les colonnes des journaux, et sur celui de la vie parisienne, dans le « grand » ou le « demi-monde » des arts et de la littérature.

La part des reportages au sein de la presse européenne augmente très sensiblement au XXᵉ siècle, avec le crédit grandissant des agences, l'essor des journaux régionaux et de leurs rubriques locales et le succès des « news magazines » des années 50 et 60. Il s'agit toujours « d'aller plus loin », de « faire le point ». Formules qui acclimatent, notamment en France, un journalisme dont l'Amérique vantera les mérites au nom de la nécessaire investigation, jusqu'au Watergate de 1972 et au Monicagate de 1998.

Malgré certaines convergences, surtout après 1960-1970, le journalisme continental européen demeure très différent de son homologue anglo-saxon. Modèles de vertu, le reporter et le chroniqueur imprègnent respectivement celui-ci et celui-là de références et de significations dissemblables, voire opposées. Le reporter s'accommode mieux du travail collectif et des hiérarchies ; le chroniqueur, quant à lui, travaille de manière solitaire, conscient de la relativité de ses analyses. Les relations avec les « sources » diffèrent également : plus confiantes et étroites pour le reporter, moins fréquentes et plus souvent empreintes de suspicion pour le chroniqueur. Ce que l'on apprécie, enfin, là où la chronique prédomine, c'est le courage, l'honnêteté, la perspicacité ; la vertu cardinale du journalisme d'investigation réside davantage dans cette espèce de neutralité vigilante guidée par le respect d'une discipline partagée par les confrères.

Plus d'un quart de siècle avant le Monicagate, le Watergate devient le symbole des pouvoirs de la presse : au terme d'une enquête longue et difficile menée par deux rédacteurs du *Washington Post*, le

Président Nixon est acculé à la démission par ses propres amis. Portée à l'écran, transfigurée par l'opinion, l'aventure des deux reporters illustre désormais le journalisme d'investigation, le reportage : l'accomplissement édifiant d'un idéal professionnel dévoué au service de la vérité et de l'intérêt commun.

Le modèle anglo-saxon s'est-il finalement imposé ? Après le Watergate, existe-t-il encore deux modèles, chacun avec ses règles et ses valeurs, ses disciplines, ses idéaux et ses exemples canoniques : d'un côté, les États-Unis, le Canada et la Grande-Bretagne ; de l'autre, la France, l'Allemagne et l'Italie ? Tout se passe encore, semble-t-il, comme si le journalisme anglo-saxon et son homologue européen se réclamaient de principes différents, expressions d'une « réalité profonde », dirait Montesquieu, également différente. À l'Amérique, ce principe : les faits sont les faits et il ne sert à rien d'en nier la matérialité. À l'Europe, une autre règle : les événements sont inséparables de la signification qu'ils revêtent aux yeux de leurs acteurs, comme à ceux de leurs témoins, directs ou indirects. Les Américains appliquent scrupuleusement la recommandation : « Les faits sont sacrés, le commentaire est libre. » Les Français continuent de méditer le conseil qui fut donné par Arthur Meyer à un jeune journaliste du *Gaulois,* peu après 1875 : « Sachez, monsieur, qu'il y a une manière légitimiste de présenter un fait divers ou de parler du temps qu'il fait. »

Ce qui unit de nos jours les deux journalismes prévaut cependant sur ce qui les divise. L'essentiel réside en effet dans la délimitation d'un domaine d'intervention : l'information d'actualité, soit l'annonce et le récit de « ce qui se passe », du passé immédiat et de l'avenir prévisible ou prévu, du présent dans tous ses états, sous la forme de nouvelles, à des hommes ou à des citoyens que l'on souhaite aussi nombreux et intéressés que possible. C'est ce qui fait du journalisme non seulement un métier, avec ses savoir-faire, mais également une profession dont la légitimité est reconnue et enfin une vocation au service du bien commun et des valeurs fédératrices. Le journaliste est toujours celui qui doit garder ses distances vis-à-vis de ses interlocuteurs quotidiens : le rédacteur en chef, qui défend la ligne éditoriale ; les experts, dont il peut solliciter, le cas échéant, les compétences ; les confrères, à la fois associés et rivaux ; enfin, les acteurs ou les témoins des événements dont il fait le récit.

Les deux modèles du journalisme

	Le modèle anglo-saxon	Le modèle européen-méridional
Principes	« Les faits sont les faits »	L'objectivité impossible
Dogmes	L'objectivité : distinguer les faits de leur commentaire	L'honnêteté du journaliste : avouer sa subjectivité
Principal représentant	Le reporter	Le chroniqueur
Discipline	Autonome, émancipé	A gardé des attaches avec la littérature et la politique
Relations avec les « sources »	Indispensables, prudentes	Moins fréquentes, mais plus confiantes
Organisation	Travail collectif	Travail individuel
Vertus cardinales	Neutralité, discipline partagée, solidarité avec les pairs	Perspicacité, courage, individualisme

L'information après le Watergate

En 1974, le Watergate a donné à l'information ses ultimes lettres de noblesse, en même temps qu'au journal quotidien et au journalisme dit d'« investigation », à base d'enquêtes et de reportages. Au lendemain de cette triple consécration, on s'interroge sur les raisons qui rendent possible ailleurs qu'aux États-Unis, et notamment parmi les adeptes du journalisme continental, une enquête comme celle du Watergate. Ceux-ci – notamment les journalistes français – demeurent sceptiques sur l'indépendance d'organes d'information qui sont soumis, comme aux États-Unis, aux mêmes lois que les autres entreprises « capitalistes ».

Un siècle environ après avoir été inventée, l'information doit désormais relever plusieurs défis. Il s'agit en premier lieu de celui des médias autres que la presse : le cinéma et la radio d'abord, la télévision et l'Internet ensuite, se sont attaqués au monopole des journaux sur l'information. Pendant plus d'un siècle, jusqu'au tournant des années 60, la presse – et surtout les quotidiens – a exercé un magistère sur l'opinion, les idées et la vie politique. Dès ses premiers pas, en 1895, le cinéma s'est essayé aux reportages, filmés en direct ou reconstitués en studio : déjà, la direction était indiquée. Pourtant, les premières brèches dans le monopole de la presse sur l'information n'ont été vraiment ouvertes qu'après 1950-1960, par la radio et la télévision. L'élection de Kennedy à la présidence, en 1960, gagnée à la télévision selon les commentateurs de l'époque, ainsi que le rôle joué par les récepteurs à transistors, quand le général de Gaulle s'est adressé directement aux soldats français dispersés dans les djebels d'Algérie, en 1961 et en 1962, ont valeur de symboles : l'information quitte la presse, son pays natal, pour émigrer vers d'autres médias. Après 1995, l'Internet fonce dans la brèche ouverte par ses illustres prédécesseurs « audiovisuels ».

L'information est confrontée à un deuxième défi, venu en 1976 des pays se réclamant de ce que l'on appelle, à l'époque, le tiers-monde. À l'occasion de sa conférence générale, l'UNESCO leur offre l'occasion de plaider pour l'instauration d'un « nouvel ordre mondial de l'information ». Les chefs d'accusation retenus contre l'information des pays « occidentaux », et notamment à l'encontre de leurs agences, sont martelés jusqu'à la fin des années 80 : le silence sur le tiers-monde, ses difficultés et ses réussites ; les déformations systématiques dont les informations qui le concernent font l'objet dans les pays du Nord ; la propagande culturelle, enfin, du « Nord » en direction du « Sud ». C'est l'ouverture politique menée par Gorbatchev dans l'ancienne Union soviétique après 1985 qui permet de montrer que la revendication par voie autoritaire d'un « équilibre » entre des dépêches, des films ou des programmes de télévision, est contraire à l'idéal de liberté dont elle se réclame.

Avec la dissolution de l'Union soviétique et l'essor inattendu de l'Internet, l'information redécouvre, à la fin du XXe siècle, à la fois ses enjeux, ses exigences et ses limites. Certes, ses contours et ses contenus ont beaucoup changé le jour où la télévision est devenue un véritable « mass media ». Comme ils changeront, davantage encore, sans doute, avec la mise en place des réseaux multimédia. Mais les nouveaux venus sur un terrain qui fut longtemps l'exclusivité de la presse ont seulement modifié quelques-unes des règles du jeu du journalisme : ils ne déterminent nullement ses enjeux, qui seront les mêmes demain qu'à l'époque des premiers grands journaux quotidiens.

Les exigences de l'information, ses conditions de possibilité demeurent également inchangées. Il n'y a pas de liberté sans liberté des médias ; il n'y a pas de liberté pour l'information là où les entreprises sont soumises à autorisation, là où elles sont différentes des autres : l'information est née le jour où les nouvelles ont été offertes, librement, sur un marché. Mais la concurrence, bien que nécessaire, n'est pas suffisante : elle n'est en aucun cas une école de vertu. La loi et les tribunaux doivent donc fixer des limites à la liberté d'expression, limites qui doivent être elles-mêmes circonscrites : la liberté sans limites n'est plus la liberté, mais la licence. Enfin, la responsabilité individuelle des journalistes est la contrepartie de la liberté dont ils jouissent.

Les journalistes ne sont pas seuls responsables de la qualité de l'information offerte à tous ; ils ne sont pas seuls à devoir inlassablement triompher des connivences et des conformismes. Devenue un marché en même temps qu'une industrie, l'information est aussi placée sous la vigilance de ses destinataires. Ceux-ci ont, à la faveur du marché, le dernier mot. Là réside, du reste, la seule raison de se fier, en démocratie, aux lois de l'offre et de la demande.

Le divertissement

Avant même d'être « parlant et chantant », le cinéma a inventé en 1927 le premier divertissement de masse, accessible à un public infiniment plus étendu que celui des théâtres de « variétés » de la fin du XIXᵉ siècle. Mais seule la télévision pouvait transfigurer le show business : après 1950, devenue le média de tous, elle donne naissance aux industries de l'*entertainment*. En installant ses caméras dans les stades et dans les salles de concert, elle réinvente en même temps le football et la musique de variété. Là réside la magie de la télévision : apporter au domicile de chacun des spectacles de divertissement multiples, des films, des variétés, des émissions de plateau (des *talk-shows*), des concerts scénarisés, des vidéos musicales, des comédies de situation (des *sitcoms*) ou des comédies musicales.

Du show business à l'entertainment

Ouvert à Montmartre en 1889, le *Moulin-Rouge* est aux « variétés » ce que le *Café de la Paix,* boulevard des Capucines, est, en 1895, au cinéma : le lieu de naissance d'une nouvelle forme d'expression, d'un genre nouveau de spectacles. Avant la fin du XIXe siècle, des théâtres nombreux offrent à un public populaire des représentations inédites : aux États-Unis, on parle de vaudeville ou de burlesque ; dans les grandes villes européennes, ces salles de spectacles s'appellent « caf'conc'», « cabaret music-hall », café chantant ou variétés. Elles ont en commun de proposer un ensemble de « numéros » courts, ce qui les apparente davantage aux spectacles de foire qu'aux théâtres traditionnels.

Le mot « variétés » est bien choisi pour désigner ce nouveau genre de spectacle : dans les cabarets-théâtres de l'époque, on peut écouter une romance, un air d'opéra ou une chanson ; on peut regarder une saynète ou même l'extrait d'une pièce célèbre ; on se laisse aussi émouvoir, avant le « grand final », par les performances d'un acrobate ou d'un prestidigitateur. À propos de ces spectacles dont les États-Unis eurent avant les autres le génie, l'écrivain norvégien Knut Hamsun dénonce, dès 1889, « cette confusion qui est caractéristique des journaux américains [...]. Ils sont constitués par une multitude de fragments divers, chacun étant indépendant de l'ensemble. Personne ne semble tenir à ce qu'il y ait un résultat unitaire [...] ; ce qui importe, c'est de mettre en scène des moments différents pour que

65

l'un ou l'autre puisse avoir un effet sur le spectateur et le fasse applaudir, rire ou pleurer. »

Le théâtre de variétés est devenu en quelques années le grand magasin du divertissement : nouveau symbole de la vie urbaine, il fait en sorte que chacun y trouve toujours quelque chose. Il ne tient pourtant pas toutes ses promesses : son succès s'arrête aux frontières d'une bourgeoisie toujours prompte à se distinguer du peuple et qui met son point d'honneur à défendre le bon goût et la décence du théâtre traditionnel, le seul légitime à ses yeux.

Avec le cinéma, suivi par la radio et la télévision, le show business occupe bientôt la place des variétés du début du siècle. Les nouveaux médias du son et de l'image donnent naissance à une industrie entièrement dévouée au grand public et à son divertissement : il s'agit toujours de plaire et de séduire grâce à une maîtrise parfaite des émotions universelles. « Faire applaudir, rire ou pleurer » devient une technique autant qu'un art ; divertir est l'obsession de nouveaux industriels, désireux avant tout de recueillir les suffrages les plus nombreux.

Le show business est l'enfant légitime des variétés du *Moulin-Rouge* et des médias audiovisuels, le cinéma, la radio et la télévision. Tandis que le cinéma devient la plus grande usine à rêves du XXe siècle, la radio et la télévision envahissent les stades et les salles de concerts pour transfigurer le sport et la chanson. L'un et l'autre donnent lieu à des spectacles collectifs. En les retransmettant en direct, la radio, et surtout la télévision, font de ces spectacles les plus grands divertissements de tous les temps. Au base-ball américain ou au football, aux concerts de rock des années 60 comme à *Notre-Dame de Paris* devenue comédie musicale, la télévision finit par imposer ses lois, ses stratagèmes et ses diverses mises en scène.

Les industries du divertissement

Ainsi, les médias du son et de l'image annexent, l'un après l'autre, tous les spectacles collectifs : le cinéma, le sport, la chanson. Pour répondre aux lois du petit écran, ils les transfigurent. En outre, ils inversent le rapport de forces en leur faveur : les films sont financés par les diffuseurs afin d'être proposés aux téléspectateurs d'abord en version payante, ensuite sur les chaînes gratuites, enfin dans le circuit des cassettes ; les événements sportifs ou les concerts des grandes vedettes – Céline Dion ou Johnny Hallyday – sont conçus pour être vus à la télévision, bien plus que par les spectateurs du Stade de France.

Dans la première moitié du XXe siècle, c'était les variétés d'antan et le cinéma d'Hollywood qui constituaient le show business. Avec la télévision, ce dernier se développe considérablement, annexant de nouveaux territoires jusqu'à devenir ce que les Américains appellent *entertainment* : des industries variées, qui comprennent aussi bien des films à succès, des séries de télévision, des spectacles musicaux, que des vidéomusiques, des émissions de plateaux ou des cérémonies de remises de prix.

L'*entertainment* n'est donc lié à aucun média en particulier : il noue des relations avec chacun d'entre eux, même si la télévision, qui favorisa grandement son essor, est devenue son partenaire privilégié. Il comprend des programmes de flux et des programmes de stock : des émissions que l'on regardera une seule fois, ou bien des chefs-d'œuvre, remarquables au point d'entrer dans le panthéon d'une culture universelle. L'*entertainment* possède enfin cette particularité d'imposer son style, ses manières de faire comme ses manières de penser, à des activités dont on croyait qu'elles lui étaient étrangères : l'information, l'éducation, la publicité. D'où les néologismes nés de la contraction de deux mots : *infotainment* (*information* et *entertainment*), *edutainment*, *advertorials* (*advertising* et *editorials*) ou encore *infomercials* (*information* et *commercials*).

L'apparition récente de ces nouveaux mots illustre moins l'invasion d'un style que l'essor spectaculaire, grâce à la télévision, de ces industries entièrement dévouées au divertissement grand public. Comme pour Hollywood, l'invention est américaine : en vérité, « divertissement » n'est pas l'exacte traduction d'*entertainment*. Le premier terme hérite de Pascal une connotation négative : « [Il] nous amuse et nous fait insensiblement arriver à la mort. » Ou encore : « Les hommes n'ayant pu guérir la mort, la misère, l'ignorance, ils se sont avisés, pour se rendre heureux, de n'y point penser. »

Parmi les Pensées de Pascal, on a en effet oublié celle-ci : « Un roi sans divertissement est un homme plein de misères. » Ce qui nous rapproche davantage de la distraction – l'une des trois missions de l'ancienne RTF : informer, éduquer, distraire –, mais nous écarte tout autant de ce que désigne l'*entertainment,* depuis que les majors d'Hollywood se sont reconverties dans les séries télévisées, au plus fort de la crise du cinéma, dans les années 50.

Les industries de l'*entertainment,* telles du moins qu'elles se sont développées après 1950, quand la télévision marchait allègrement sur les brisées des médias qui l'ont précédée, quand elle s'est « nourrie » de leurs contenus, pour parler comme Mc Luhan, sont inséparables d'une société où le travail n'est plus aussi pénible ni aussi envahissant qu'auparavant, où les hommes sont plus nombreux à occuper leur temps libre à autre chose qu'à reprendre des forces pour le lendemain.

La question, pour ces industries nouvelles, n'est donc pas de se soumettre aux canons des arts que l'on disait « libéraux », parce qu'ils n'étaient guère assujettis à une finalité utilitaire. Elle réside dans l'unique obsession de rallier un maximum de suffrages, en une seule fois s'il s'agit d'un programme « de flux », aussi souvent et aussi longtemps que possible pour un programme « de stock ». Dans les deux cas, l'objectif est atteint lorsque le mélange entre la réalité et la fiction parvient à atteindre, parmi des publics divers, une satisfaction maximale : une confession rassurante, une identification salvatrice, une évasion réparatrice ou la compensation des frustrations quotidiennes.

69

La communication

Avec les médias, la communication devient utilitaire : désormais, « communiquer » n'est plus seulement échanger, instaurer un dialogue, perpétuer une relation de personne à personne, mais plus précisément influencer autrui, pour vendre quelque chose, pour lui inculquer une idée, ou bien pour lui donner, d'un homme public ou d'une institution, une image qui incline à la bienveillance ou à la considération.

La communication moderne est fille de la religion et de la politique : depuis la nuit des temps, l'une et l'autre ont prétendu persuader, convertir, obtenir un assentiment. Mais aujourd'hui, l'art de ceux qui pratiquent la communication est de prétendre le contraire : ils préfèrent parler d'information afin d'obtenir un surcroît de confiance de la part de ceux auxquels ils s'adressent, en même temps qu'un pouvoir plus grand de persuasion. Émancipée, la communication imprègne désormais la culture des sociétés démocratiques au risque, pour tous, de quelques désillusions et, pour les sociétés, de subir toutes les mésaventures du moyen qui se prend pour une fin.

Des petites annonces à la publicité

La publicité est née avec les premiers journaux : dès son sixième numéro, en 1631, *La Gazette* de Renaudot fait de la « réclame ». En 1836, Émile de Girardin affirme pour la première fois que « c'est aux annonces de payer le journal » : dès sa quatrième année, les recettes de *La Presse* provenant de la publicité dépassent celles qui sont dues aux abonnements.

La publicité existait, certes, bien avant la naissance de la presse moderne. Les Athéniens ne faisaient rien d'autre que de la publicité lorsqu'ils débattaient sur l'agora des affaires publiques avec leurs concitoyens : lorsqu'ils s'exerçaient à la rhétorique. Au début de notre ère, les apôtres vantaient les enseignements du Christ ; ils entendaient propager la « bonne nouvelle ». À l'époque de Charlemagne, les savants d'Écosse et d'Irlande traversaient les villes en criant : « Nous sommes des marchands de science. Qui veut acheter la science ? » Dès 1482, à Paris, une affiche est pour la première fois placardée en différents endroits : « Le Grand Pardon de Notre-Dame de Paris invite les fidèles à participer à la fête religieuse organisée par le chapitre de Reims. »

Ces quelques exemples en témoignent, depuis l'agora de la cité grecque jusqu'aux affiches des colonnes « Rambuteau » au XIXᵉ siècle, la publicité est exclusivement assujettie aux desseins de la poli-

71

tique et de la religion. Ce sont les premiers-nés parmi les médias – les journaux – qui l'émancipent, lui permettant de servir d'autres desseins. Ainsi, grâce à la presse, la publicité fait cause commune, au lendemain de la révolution industrielle, avec l'économie de marché. Elle perd un peu de son aura ou de son prestige pour devenir, au tournant du XXᵉ siècle, résolument « utilitaire ». Fille de la propagande, elle est au service des marchands et non plus des princes, mais elle use toujours des mêmes recettes, celles de la séduction et de l'argumentation.

Différentes manières de convaincre

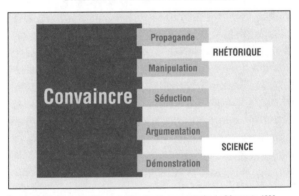

Source : D'après Ph. Breton, *L'Argumentation dans la communication*, La Découverte, 1996.

La publicité entre dans l'âge de la maturité après le tournant des années 30, sous l'effet conjoint de l'essor des médias et des acquis nouveaux des sciences dites « humaines ». Les médias et la publicité progressent désormais au même rythme : ils se soutiennent mutuellement afin de conquérir de nouvelles positions. Ils développent les mêmes arguments et invoquent les mêmes valeurs devant

72

ceux qui mettent en cause leur action, voire leur existence. En 1789, Bailly, maire de Paris, avait déjà gravé sur la médaille des crieurs de journaux : « La publicité est la sauvegarde du peuple. » Elle va jusqu'à assurer la totalité du financement de certains journaux, distribués dans les boîtes aux lettres comme de simples « prospectus ».

Enfin, la publicité s'enrichit au contact d'autres disciplines – les relations publiques, le marketing –, en même temps qu'elle se nourrit des enseignements de la psychologie et de la psychologie sociale, de leurs sondages et de leurs théories, au moins jusqu'au tournant des années 80. Jusqu'à la grande crise de 1929 qui fait naître le marketing – cet ensemble de techniques permettant d'opérer, à coups d'investigations et d'anticipations, un meilleur ajustement entre l'offre et la demande , la publicité se prodigue sans apprentissage : elle est un art plutôt qu'une technique, une pratique sans théorie, une improvisation bien plus que l'application d'un savoir ou d'un savoir-faire. Tandis que la psychologie et les sciences sociales deviennent populaires, la publicité se hisse au rang de discipline à part entière, avec des fondements avérés, des professionnels confirmés et une déontologie* reconnue.

73

La publicité transfigurée en communication

Entre 1930 et 1980, tout au long de cet âge d'or pour les « mass media » – presse, cinéma, radio et télévision –, la publicité participe à tous les combats, pour la société industrielle comme pour l'économie de marché. Elle veut être un métier en même temps qu'une vocation : à la fois fondée sur un vrai savoir et entièrement dévouée au service de tous. La triple alliance des médias, de la publicité et de l'économie de marché ne répond pas seulement à une nécessité « fonctionnelle », quasi scientifique, elle se drape également dans les oripeaux d'un idéal, celui d'un bonheur partagé, d'une consommation dont les bienfaits sont progressivement offerts au plus grand nombre. Là réside le secret de la transfiguration de la publicité en communication : auparavant technique pour faire valoir les mérites d'un bien de consommation, elle étend son empire bien au-delà de ce qui se vend ou s'achète ; elle devient une aspiration collective, la clef du bonheur et un idéal de société.

74

Sans les médias et leur spectaculaire ascension, jamais sans doute pareille transfiguration n'aurait pu avoir lieu. Jamais non plus les stratégies et les stratagèmes de la communication ne se seraient à ce point répandus et convaincus les uns les autres de leur efficacité. Nombreuses ont été les enquêtes et les recherches, depuis 1945, ayant pour unique dessein de parfaire les procédés de la publicité et d'en mesurer les effets aussi rigoureusement que possible. Jusqu'au début des années 70, elles se sont inspirées des mêmes schémas, issus des théories de l'information ou des premiers essais sur la propagande. Nées à la frontière entre la psychologie et la sociologie, ces études ont plusieurs pères fondateurs : Tchakhotine, avec *Le Viol des foules par la propagande politique* (1939), Shannon, avec son modèle de communication mis au point, en 1947, à partir de ses recherches sur le téléphone, et le sociologue Lasswell avec son célèbre « qui dit quoi, par quel canal, à qui, avec quels effets ». La publicité de cette époque est « mécaniste » ou directe : elle mise sur les stratagèmes du « réflexe conditionné » de Pavlov. Cette orientation est d'autant plus suivie qu'elle s'accorde avec le préjugé selon lequel on peut faire croire ou faire faire ce que l'on veut à n'importe qui dès lors que l'on obéit à des règles simples ou que l'on applique quelques recettes connues.

Le modèle de Shannon et Weaver

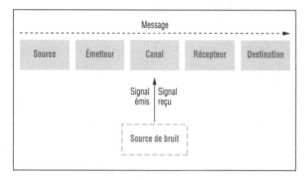

Les déboires de cette publicité « directe » ont ouvert la voie, à la suite d'études sur les motivations d'achat, à une publicité plus raffinée, plus suggestive, que l'on peut qualifier d'« indirecte ». Comme le soulignait l'un des maîtres de la profession, Claude Marcus Steiff, proche du fondateur de Publicis, « on vend non des oranges mais de la santé, non de la lanoline mais de l'espoir, non un moyen de transport mais l'appartenance à une classe sociale privilégiée ». La recommandation du praticien rejoint une remarque du sociologue André Akoun : « La publicité ne peut ignorer le monde irrationnel, ludique et fantasmatique des motivations. [...] Une annonce publicitaire doit savoir jouer [...] sur la chaîne et la trame du désir. »

La publicité n'a plus jamais cessé, après 1970-1975, de tirer parti de la thèse développée en 1961 par René Girard dans *Mensonge romantique et vérité romanesque* : nos choix sont moins libres que nous ne le croyons, « que ce soit celui d'une cravate ou celui d'une femme ». En réalité, nous choisissons des objets déjà désirés par un autre, parce que nous voulons, sans nous avouer cette faiblesse, lui ressembler. Nous sommes tous entourés par des « guides d'opinion » auxquels nous nous fions de plein gré, quand nous ne savons plus quoi faire, et par des « modèles » auxquels nous voulons nous conformer, conduits par ces sentiments modernes qui sont, selon Stendhal, les fruits de l'universelle vanité des hommes : « l'envie, la jalousie et la haine impuissante ».

Le publicité moderne en France en cinq dates

1929. Création du cinéma publicitaire par Jean Mineur ; introduction de la publicité à la radio.
1964. Création des abribus Decaux.
1965. Introduction de la publicité de marque sur la première chaîne de télévision.
1966. Création de la première centrale d'achat d'espace publicitaire (dans les journaux comme à la radio et à la télévision).
1967. Introduction de la publicité sur les radios locales privées.

La société de communication

La communication est devenue, vers la fin du XXe siècle, le signe distinctif de la société moderne : elle a pris, à ce titre, la place de l'industrie. Les raisons de « communiquer » se sont en effet multipliées à cette époque, au même rythme que les médias pour le faire : pour vendre un produit, pour vanter les mérites d'un homme ou d'un parti politique, mais aussi pour donner, d'une entreprise ou d'une institution publique, une image plus favorable.

Les actions de communication, proches en réalité des stratégies et des stratagèmes de la publicité ou des relations publiques, ont une signification différente selon les objectifs qu'elles rêvent d'atteindre : on distingue ainsi, parmi d'autres, la communication d'entreprise, la communication politique, la communication événementielle – celle qui appelle l'attention, par la montée en épingle d'un événement plus ou moins fabriqué –, la communication scientifique et la communication institutionnelle.

Certes, on n'a pas attendu la multiplication des médias et la réputation qu'ils ont réussi à se donner pour influencer les gens, pour éveiller en eux le désir de certains produits de consommation, pour leur inculquer certaines idées, notamment politiques. Ce qui est nouveau, c'est que la communication est devenue une valeur en soi, un idéal, une véritable utopie si l'on en croit Philippe Breton : plus on communique, mieux c'est.

Quand Paul Watzlawick, fondateur de l'école de Palo Alto, lance la formule, « on ne peut pas ne pas

77

communiquer », il ne valorise pas la communication en tant que telle, il dresse plutôt un constat.
Insensiblement, la communication est devenue non
seulement le moyen de résoudre des conflits, une
manière pour chacun de s'épanouir et d'atteindre le
bonheur, mais également une fin en soi : la réalisation par l'homme de son humanité. De l'échec du
nazisme comme de l'effondrement du système
communiste, on a fait, jusqu'aux dernières années
du XXe siècle, l'illustration des vertus de la communication : la « bonne » communication aurait chassé
la mauvaise, car les totalitarismes reposent sur la
manipulation de l'information et le dysfonctionne-
ment calculé de la communication.

Constatant pareille valorisation, comment certains
philosophes n'iraient-ils pas jusqu'à trouver dans la
communication l'une des sources du malheur de
l'homme moderne, perdu, comme le soulignait
David Riesman, dans « la foule solitaire », l'une des
causes de cette succession ininterrompue des
modes qui nous fait entrer dans l'« ère du vide » ou
dans l'« empire de l'éphémère » ?

L'éducation

Les régimes autoritaires ou totalitaires sans exception se servent des médias pour « édifier » le peuple, pour le « rééduquer », pour infliger aux gens leur propagande : le cinéma soviétique avec le réalisme socialiste ; la radio sous Hitler aux ordres de Goebbels ; les journaux espagnols télévisés ou imprimés sous Franco et, plus près de nous, la mise sous tutelle des organes d'information de la Chine continentale…

Là où règnent les libertés, les médias sont émancipés et l'éducation retrouve le sens originel que les Grecs lui ont donné : l'apprentissage des langages de la pensée, l'initiation aux savoirs et à certains savoir-faire, la formation à la citoyenneté. Depuis Gutenberg, le livre est l'auxiliaire privilégié du maître et de l'élève. Lorsqu'elle triomphait, entre 1960 et 1970, la télévision est entrée, comme par effraction, de façon malhabile, dans les salles de classe ; elle n'a pas tenu, loin de là, ses promesses. Avec les multimédias, les professeurs, enfin déchargés des tâches les plus machinales, auront-ils la chance de devenir, demain, semblables au Socrate de jadis, pratiquant la « maïeutique » avec ses élèves ?

La télévision : un défi pour les maîtres et les parents

L'école, la famille et, le cas échéant, la religion se sont longtemps partagé les tâches de l'éducation, de ce que Montaigne appelait « l'institution » des enfants. Elles avaient fini par trouver un *modus vivendi,* après des décennies de rivalités et de suspicions réciproques : les parents, les prêtres et les maîtres semblaient chacun assurés de leur bon droit ; ils s'accordaient, selon toute apparence, sur leurs vocations respectives, pareillement désireux de ne pas empiéter sur le territoire de leurs voisins, à la fois associés et rivaux.

Depuis la fin du XIXe siècle jusqu'au milieu du XXe siècle, aucun des grands médias – ni les journaux, ni le cinéma, ni la radio – ne s'était hasardé de son plein gré sur le terrain de l'éducation. Seuls les régimes totalitaires – soviétiques, nazis et fascistes – les y avaient contraints, mettant chacun d'eux au service exclusif de leur propagande. Mais partout ailleurs, au moins dans les démocraties dignes de ce nom, les grands médias s'interdisaient de faire de l'éducation leur priorité, autant par idéal que par intérêt. À leurs yeux, leur vocation était ailleurs : informer ou divertir. S'il leur arrivait d'éduquer – d'enseigner quelque chose, de contribuer à former le jugement – c'était toujours par surcroît, non par une décision préalable.

Dès ses premiers succès, dans les années 50, la télévision change brutalement la donne. Pour la première fois, un média défie les institutions traditionnellement vouées à l'éducation. L'école, la famille et les Églises, partagées entre l'inquiétude et la fascination, trouvent de bonnes raisons pour s'interroger sur son influence, sur le rôle qui leur incombe face à elle, sur la mission éducative qu'il conviendrait enfin d'assigner au dernier-né des « mass media ».

Avant les parents eux-mêmes, les maîtres d'école s'inquiètent des atteintes portées par la télévision à leur autorité, à leur prestige auprès de leurs élèves. Ainsi cet instituteur d'un village breton interrogé par Claude Brémond en 1964 affirme-t-il : « Moi, je ne peux apporter des satisfactions immédiates, je suis le maître d'école, dans ma blouse grise, avec la craie […], comment puis-je faire concurrence à ce qu'il y a justement d'attirant, de séduisant et d'immédiatement satisfaisant à la télévision ? » Cet aveu d'impuissance est relayé auprès de l'opinion par les procès que les essayistes ne manquent pas d'instruire à l'encontre de la télévision : savoir en miettes, superficialité, appel à l'émotion plutôt qu'à la raison… En même temps que les maîtres et les parents tombent – ou croient tomber – de leur piédestal, la télévision semble détrôner l'écrit, de sorte que Mc Luhan peut annoncer la victoire de Marconi sur Gutenberg.

La télévision ne devait pas s'arrêter en si bon chemin. Ce sont les gouvernements eux-mêmes qui

81

estiment ne pas être en droit de priver l'éducation – prise au sens large – d'un moyen aussi prodigieux : en France, la RTF, comme l'ORTF (Office de la radio télévision française), son successeur en 1964, doivent, selon leur statut, tout à la fois informer, éduquer et distraire. La merveilleuse lucarne, fenêtre sur le monde, a donc pour mission de décharger les parents et les maîtres d'une part de leur fardeau. La télévision est décrétée « école parallèle » : l'expression sous-entend qu'elle partage avec l'école une charge devenue trop lourde pour cette dernière. Les désillusions d'une école moins égalisatrice, ou plus « reproductrice » des inégalités sociales qu'elle le voudrait, ajoutent encore aux vertus prêtées à la télévision.

Les télévisions scolaires ou éducatives sont nées, partout dans le monde, entre 1960 et 1970, d'une question dont la réponse ne semblait guère faire de doute : pourquoi la télévision ne réussirait-elle pas là où l'école et la famille semblaient défaillir, sinon échouer ? Dans les pays riches comme, très souvent, dans les plus démunis, les nouvelles chaînes ont tenu leurs promesses : *Sesame Street* a appris l'alphabet à des dizaines de millions d'enfants dans le monde ; des programmes éducatifs ont été diffusés, dans les pays en voie de développement, avec des objectifs sanitaires ou de formation professionnelle. La télévision éducative a échoué chaque fois qu'elle entendait remplacer le professeur, ou que l'on se contentait de filmer un maître devant son tableau noir. Car parfois, il est vrai, on espérait, sans trop le dire, « faire faire l'école » par la télévision ou, en d'autres termes, remplacer l'école par la télévision.

Les multimédias :
une chance pour l'éducation

La télévision l'a rappelé à ceux qui étaient tentés de l'oublier : elle ne remplace pas l'école, pas plus que l'écrit n'a supplanté la parole. À tous, le constat s'est imposé bien avant l'arrivée des multimédias : pour l'éducateur, les médias ne sont que des outils, des auxiliaires, utiles certes, voire parfois indispensables, à condition d'être utilisés là seulement où leurs performances le justifient. Pour penser, étudier ou créer, l'homme a souvent besoin de ces mêmes auxiliaires, dont il doit apprendre à faire usage à bon escient. L'homme qui réfléchit ne ressemble pas souvent au penseur sculpté par Rodin, dénudé, sans rien ni personne pour l'aider à former ou à exprimer sa pensée.

Après 1990, les multimédias vont plus loin que la télévision sur le terrain de l'éducation, en même temps qu'ils tirent les leçons de ses échecs ou de ses désillusions. Qu'ils soient accessibles grâce à un support autonome – un CD-Rom ou un DVD –, ou par la connexion à un réseau – un site Web ou un bouquet de services –, les multimédias sont utilisables très aisément par n'importe quel « apprenant », quel que soit son âge. L'un de leurs atouts majeurs est en effet de rendre possible l'individualisation du parcours de l'apprentissage : l'élève travaille à son rythme, quand il le veut, où il veut, sans jamais avoir à rougir lorsqu'il se trompe.

Ainsi, pour les instituteurs, le multimédia est plus qu'un simple auxiliaire : il constitue un véritable adjuvant, un stimulant irremplaçable. Non seulement il ouvre très largement l'accès à toutes sortes de « documents », par ses bibliothèques, ses musées, ses encyclopédies ou ses expositions virtuels, mais il permet également grâce à l'interactivité une démarche pédagogique active, offrant au maître la carte personnalisée des difficultés rencontrées par chaque élève, invitant celui-ci à les surmonter avec ses propres moyens, sans jamais quitter ses camarades ni s'exposer à leurs sarcasmes.

Le multimédia est en passe de devenir, partout dans le monde, un outil privilégié de l'enseignement à distance. Longtemps, ce type d'enseignement s'adressait à ceux qui étaient empêchés, pour une raison ou une autre, de se déplacer pour aller à l'école ou au lycée. Désormais, le savoir va vers l'élève plutôt que l'inverse. Ainsi, l'enseignement à distance n'est plus un pis-aller, un expédient réservé à quelques-uns, éloignés provisoirement ou définitivement de leurs maîtres ; il devient un nouveau mode d'acquisition des savoirs et des savoir-faire, une nouvelle forme d'accès à la connaissance. Grâce au multimédia, jamais les maîtres et les connaissances n'ont été aussi proches des « apprenants », ni aussi aisément accessibles.

De tous les moyens d'éduquer, le multimédia est sans doute le plus performant. Non seulement par l'étendue du savoir qu'il met à la disposition de tous, par son « interactivité » qui permet d'accéder à ce que l'on souhaite, à la demande, sur mesure et sans frontières, mais également par la diversité des formes d'expression qu'il met à la disposition de l'apprenant – le texte, le son, les images, la vidéo et les données. En permettant au maître comme à

l'élève d'aller facilement de l'une à l'autre, le multimédia tire de chacune le meilleur parti possible.

Les maîtres, les parents, les médias : à chacun son rôle

Que les médias apparaissent comme une menace
ou comme une chance, ils constituent en tout cas
pour l'éducation un défi, une invitation pressante à
clarifier ses objectifs, l'obligation, peut-être, de
retrouver sa signification profonde. L'éducation
remplit en effet la mission que le philosophe Éric
Weill assignait à sa discipline : « Agir – philo-
sophiquement – pour rendre l'humanité raison-
nable. » Là réside l'une des vertus de l'essor
spectaculaire des multimédias dans l'éducation :
retrouver les finalités de chacune des formes de
paideïa – de formation – distinguées par Platon dans
La République, ce livre dont Jean-Jacques Rousseau
disait qu'il est « le plus beau traité d'éducation qu'on
ait jamais fait ».

Le philosophe de la Grèce antique assignait plusieurs fonctions à l'éducation. L'enseignement du
langage lui semblait primordial : lire, écrire, décrire.
Dans le vocabulaire d'aujourd'hui, on parlerait de
clefs d'accès au savoir, celles qui permettent de
« définir correctement, précisément, fermement ce
que l'on a à l'esprit », pour reprendre la formule de
Jacqueline de Romilly. Platon évoquait ensuite
l'enseignement encyclopédique : celui des diverses
disciplines, des différents savoirs et savoir-faire.
Cette deuxième forme de *paideïa* correspond à son

idéal « polytechnicien ». Enfin, le fondateur de l'*Academia*, à Athènes, accordait une importance tout aussi grande à la formation du bon citoyen – c'est-à-dire à l'éducation, au sens le plus large et le plus noble du terme –, qui concerne aussi bien la découverte et la fréquentation des chefs-d'œuvre, de ces œuvres qui illustrent le génie humain, que l'apprentissage de la vie en société ou à l'intérieur de la cité.

Évoquer ces trois finalités, comme nous y invitent l'essor des médias et les désillusions des institutions éducatives, c'est souligner à quel point elles sont complémentaires, même si chacune n'occupe pas tout à fait la même place aux différentes étapes de l'éducation, depuis la maternelle jusqu'à l'université. C'est également suggérer que l'usage du multimédia n'est pas le même et qu'il n'a pas la même signification selon qu'il s'agit d'apprendre à s'exprimer – parler, trouver les mots pour communiquer ce que l'on veut dire –, de s'initier aux savoirs ou aux savoir-faire nécessaires à l'exercice d'un métier, ou de s'exercer à participer aux affaires de la cité et à vivre en harmonie avec ceux qui la composent.

Il ne faut pas en effet confondre les médias les uns avec les autres : ils n'ont pas tous, pour l'éducateur, professionnel ou non, les mêmes vertus. Avec l'interactivité, le multimédia en ligne ouvre l'accès à une multitude de « documents ». Encore faut-il être capable de les trouver ou même savoir, avant de s'en servir, ce que l'on cherche. Il s'agit, en d'autres termes, d'apprendre à nager ou à « naviguer » pour ne pas se noyer dans l'océan du Web. Mais le multimédia en ligne peut aussi vous offrir, quand vous allumez l'écran, les nouvelles ou les documents qui relèvent de la rubrique ou du genre de programmes préalablement sélectionnés par vos soins. Une chose est d'aller chercher, au bon endroit, ce que vous souhaitez trouver ; une autre est de recevoir, parce que vous vous fiez à eux, ce que des professionnels ont choisi pour vous. Dans le premier cas, l'usager, actif devant son écran, ne trouve rien d'autre que ce qu'il cherche ; dans le second, il est passif et découvre souvent ce dont il n'avait aucune idée. Les ingénieurs opposent ainsi, pour le Web, la *pull technology* à la technologie du *push* : l'internaute peut tantôt tirer les « contenus » vers lui, tantôt se contenter de recevoir ceux que d'autres ont « poussés » ou acheminés vers son ordinateur.

L'essor spectaculaire du multimédia vient confirmer la leçon que la télévision nous avait donnée : le maître est irremplaçable. Lui seul peut en même temps enseigner aux élèves à s'exprimer, à juger, à apprendre et à vivre ensemble. Et si la machine – le CD-Rom, le DVD, la consultation des banques de données – le décharge de ce qui est automatique, il se consacrera d'autant mieux à ce que lui seul peut faire, à ce que lui seul sait faire : cultiver l'esprit critique et éveiller l'esprit civique. Les progrès des médias – leur abondance et leurs performances respectives – les ont rétablis dans leur statut : celui d'auxiliaires, de serviteurs plutôt que de maîtres. Ce sont ces mêmes progrès qui distinguent les vocations respectives du journaliste et de l'éducateur. « Nous, journalistes, écrivait Jean Schwoebel dans les années 60, nous sommes les instituteurs du XXe siècle. » L'identification est aussi dangereuse, pour les libertés, que l'était, au temps de Balzac, l'assimilation des journalistes aux publicistes – les écrivains politiques – ou aux hommes de lettres. Dans une société démocratique, en effet, les médias ont pour vocation d'éveiller la curiosité pour des sujets ou des affaires – notamment publiques – que seuls, bien souvent, les apprentissages apportés par l'école permettent de comprendre. Du reste, en vertu de ces mêmes principes qui rendent obligatoire pour tous la fréquentation de l'école, l'usage des médias est facultatif, ce qui les incline vers le divertissement.

Ce que Steven Jobs, cofondateur de Apple, affirmait à propos des CD-Rom en 1999 s'applique également aux autres médias : « On peut mettre sur CD-Rom l'ensemble des connaissances. On peut installer un site Internet dans chaque classe. Rien de tout cela n'est fondamentalement mauvais, sauf si cela nous berce de l'illusion que l'on s'attaque ainsi aux maux de l'éducation. » Si l'on en croit Platon, encore faut-il, pour que l'éducation soit possible, que la société ne soit pas « corrompue » et qu'elle garde cette *moïra,* cette « chance de moralité » invoquée par le philosophe dans le *Ménon* et dans *La République.*

DOM

INOS

Les médias
en questions

Anciens et nouveaux médias

À l'instar de l'écriture selon Platon, les médias sont des prothèses pour la réflexion. Ils sont un creuset où la pensée se forge, et permettent de la communiquer à un ou plusieurs destinataires, selon des formes diverses. Depuis l'invention de l'imprimerie, les médias n'ont guère cessé de promouvoir de nouvelles formes d'expression, qui sont autant de moyens, pour l'homme, de créer des œuvres nouvelles, glorieuses ou dérisoires. On pourrait ainsi réserver aux médias le sort que l'anthropologue André Leroi-Gourhan attribuait aux outils : « Il y a possibilité de langage à partir du moment où la préhistoire livre des outils, puisque outil et langage […] sont indissociables dans la structure sociale de l'humanité. »

Les médias : le procès permanent

De l'écriture, Platon fait dire à Socrate, dans le *Phèdre,* qu'elle est un « *pharmakon* » : à la fois une drogue, dangereuse, aux effets imprévisibles, et un remède, capable par conséquent de pallier les insuffisances ou les défaillances de la pensée. Dans la scène imaginée par Socrate, le petit dieu Teuth présente ainsi son invention au roi Thamous, roi d'Égypte : « Voici […] une connaissance qui rendra les Égyptiens plus savants, et leur donnera plus de mémoire : mémoire et science ont trouvé un remède. » L'écriture, argumente Teuth, étendra considérablement la portée des messages.

Thamous ne partage pas l'optimisme de son interlocuteur : « [L'écriture] développera l'oubli dans les âmes de ceux qui l'auront acquise par la négligence de la mémoire ; se fiant à l'écrit, c'est du dehors […], et non du dedans, et grâce à l'effort personnel, que l'on rappellera ses souvenirs. » Et Socrate d'ajouter, à l'adresse de *Phèdre* : « Une fois écrit, chaque discours s'en va rouler de tous côtés […] ; si des voix discordantes se font entendre […], il a toujours besoin du secours de son père. À lui seul, en effet, il est incapable de repousser une attaque et de se défendre lui-même. » Le philosophe plaide contre l'écrit en faveur de l'oral : la parole vive – ou vivante – peut seule, selon lui, servir la pensée.

Les mêmes arguments sont inlassablement repris, depuis ce dialogue, chaque fois qu'un nouveau média apparaît, ou qu'une nouvelle technique, fière de ses prouesses, prend le risque de vouloir s'imposer face à ses devancières. Ainsi, l'essor de la télévision a ouvert la polémique entre l'écrit et l'« audiovisuel ». Pourquoi, cependant, la télévision serait-elle condamnée à ne pas penser, à ne jamais donner à penser ? Pourquoi l'émotion, qu'on l'ac-

93

cuse de privilégier, ne serait-elle pas une forme de la pensée, le point de départ d'une réflexion ? Le débat rebondit avec l'arrivée des multimédias. Les images virtuelles, par exemple, n'ouvrent-elles pas des voies nouvelles pour l'action, pour la création, pour la connaissance ?

Le constat s'impose : l'arrivée d'un nouveau média représente toujours un défi, non seulement pour ceux qu'il vient concurrencer, mais également pour l'ordre que ces médias finissent par imposer, dans l'information, dans le divertissement, dans les savoirs et les conditions de leur divulgation. La reprise des mêmes arguments qui plaidaient, jadis, en faveur de l'oral contre l'écrit désigne, avant toute autre chose, l'irrésistible orgueil des hommes : ils préfèrent dénigrer les médias plutôt que d'avouer à quel point ces derniers leur sont utiles, pour juger ou pour rêver, pour apprendre ou pour créer quelque chose.

« Le message, c'est le média »

Après la Seconde Guerre mondiale, ce sont principalement les messages transmis par les médias qui retenaient l'attention : dans le sillage du *Viol des foules,* l'essentiel semblait résider dans le contenu des messages et dans la façon dont ceux-ci étaient agencés, pour séduire, pour persuader ou pour influencer. Au début des années 60, Marshall Mc Luhan attire l'attention, non plus sur les messages, mais sur les médias eux-mêmes : tandis que la télévision, impériale, progresse irrésistiblement,

la réflexion se déplace des contenus vers les conte-
nants. *The medium is the message* : l'important, selon
lui, n'est pas le contenu des messages, mais le média
grâce auquel celui-ci est transmis.

L'effet des médias n'est donc pas celui que l'on
croit : il réside dans le « massage » que ces derniers
exercent, à la longue, sur nos modes de penser,
d'agir ou de sentir. *The message is the massage* : loin
d'être des moyens ou des techniques parfaitement
neutres, les médias agissent sur la culture et sur
l'ordre social, après avoir exercé leur influence,
subreptice et irrésistible, sur nos façons d'appré-
hender le monde sensible. Chemin faisant, l'essayiste
canadien répartit les médias en deux catégories : les
médias sont « chauds » – *hot* – lorsqu'ils mobilisent
un seul sens, comme la presse ou la radio, favorisant
peu, du même coup, la « participation » de leurs destinataires ; ils sont « froids », à l'inverse – *cool* –,
comme le téléphone et la télévision, moins expressifs
et plus « suggestifs », quand ils sollicitent davantage
la participation de ceux qui les utilisent.

La distinction, certes, peut paraître arbitraire : la
notion de participation est passablement équivoque.
Et s'il est vrai que les médias influent sur nos
manières de percevoir ou de penser, nous ne
sommes pas pour autant insensibles ou indifférents
au contenu des messages qu'ils convoient pour
nous.

L'influence de Mc Luhan n'en est pas moins considérable. Il donne ses lettres de noblesse à la thèse
selon laquelle les médias influent, subrepticement,
sur l'ensemble de nos activités, sur la nature du lien
qui unit les hommes les uns aux autres, sur le cours,

en définitive, de leur histoire. Il fait surtout des médias et de ce que l'on appellera, quelques années plus tard, les « nouvelles technologies de l'information et de la communication », tout à la fois le signe distinctif du monde moderne et le remède universel qui agit sur tous ses maux. Il favorise enfin, par ses intuitions et ses provocations, l'essor d'une nouvelle discipline, la médiologie, portée sur les fonts baptismaux en 1991 par Régis Debray, qui étudie tous les « appareillages de la pensée », leur effet sur les individus, comment changent, « en douce », leurs idées, leurs croyances, « quand on passe du livre à la radio, ou du Parlement au plateau de télévision... »

Les médias : leur usage et leur destinée

La représentation que l'on se fait de l'influence des médias n'est plus la même après Mc Luhan : elle oscille entre deux analyses divergentes. D'un côté, les idéalistes considèrent que les médias sont neutres, capables seulement de faire circuler mieux et plus vite des messages – des opinions, des idées, des croyances –, sur le contenu desquels ils n'ont aucune prise. D'un autre côté, on cède à une sorte de déterminisme – ou de fatalisme –, selon lequel ces mêmes messages – par conséquent la culture, entendue largement, ses activités, ses œuvres – sont sous l'empire exclusif des médias, qui en déterminent unilatéralement le contenu et la signification.

À l'instar de nos outils ou de nos machines, les médias ne sont en réalité ni aussi neutres ni aussi tyranniques – ou salvateurs : la technique n'impose rien ; elle propose et l'homme dispose, ou compose. À leur naissance, les médias n'ont ni feuille de route, ni ordre de mission : leur destinée dépendra de l'usage que les hommes en feront, en fonction de leurs désirs, de leurs besoins ou de leurs croyances. Ce n'est pas Gutenberg qui a fait la Réforme, mais l'inverse : les réformés, certes, ont tiré parti de l'imprimerie pour propager leurs idées, mais celles-ci étaient apparues un siècle plus tôt, dans les plus grandes cités de l'Europe du Nord. Sans la liberté d'expression, proclamée solennellement près d'un siècle plus tôt, jamais les rotatives n'auraient permis l'avènement, au XIXe siècle, des grands journaux quotidiens. Le secret de leur avenir, les médias qui naissent aujourd'hui sous la bannière du Web et du multimédia seraient bien inspirés de le chercher, non dans les discours ou les rêves des ingénieurs, mais parmi leurs usagers, du côté de leurs idéaux, souvent inexprimés, ou de leurs besoins, encore insatisfaits.

Malaise dans l'information

amais les accusations portées contre les organes d'information – journaux et magazines, imprimés ou télévisés – n'ont été aussi nombreuses, ni aussi graves, que depuis le début des années 90. L'affaire des faux charniers de Timisoara est la première d'une longue série d'événements similaires : le cormoran breton qui illustre les dévastations au Koweït ; la grève des fonctionnaires, en août 1990, à Toulouse, relatée à l'aide d'images d'une autre grève ; les manifestations pro-irakiennes à Alger illustrées par des images de Beyrouth. En janvier 1991, on « gonfle » à dessein le nombre des victimes du cyclone Mitch, pour rehausser le récit des envoyés spéciaux au Honduras… En 1985, il y eut cette image inutile, « de trop » : aucun treuil n'est arrivé à temps pour sauver la jeune Omeyra, victime de l'éruption d'un volcan, en Colombie, et dont plusieurs caméras filmaient pourtant l'agonie.

En point d'orgue, en cette fin de siècle, les paparazzi sont tenus pour responsables, par beaucoup, de l'accident qui entraîna la mort de la princesse Diana. Quelques mois plus tard, un quotidien sportif doute des capacités d'Aimé Jacquet – un « brave type » – pour conduire l'équipe de France à la victoire, au Mondial de football de 1998. Après le succès des Bleus, le rédacteur en chef de *L'Équipe* dit ses regrets et présente ses excuses. Entre les deux, un prix a failli être attribué à un reportage *Les Voleurs d'yeux* : vérification faite, l'histoire était inventée de toutes pièces, afin d'émouvoir et de susciter l'indignation. Images dérobées, reportages plus ou moins « bidonnés », faux scoops ou défaillances coupables, voyeurisme inconvenant et recours au sensationnel : les accusations coïncident avec la fin de la guerre froide et se poursuivent avec l'annonce d'une ère nouvelle pour les médias, inaugurée, après 1992, par l'essor de l'Internet.

L'ère du soupçon

Après le Watergate, l'Irangate et le *Rainbow Warrior*, l'information serait-elle victime, déjà, de son succès ? Trop sûre d'elle, au point d'oublier, parfois, les lois professionnelles ou morales qu'elle s'est données ? Un seuil en tout cas semble avoir été franchi. Certes, on ne met plus en cause la légitimité des journalistes : jamais, au contraire, elle n'a été mieux acceptée, et le monde entier se rallie, au moins en paroles, à l'idée selon laquelle la démocratie et la liberté de la presse sont inséparables. Mais les journalistes sont parfois accusés d'abuser de leur liberté, d'en faire l'alibi de leur irresponsabilité : le journalisme peut donner l'impression de « tourner au corporatisme de l'irresponsabilité », selon l'expression de Jean-Louis Servan-Schreiber.

C'est ainsi que s'ouvre l'ère du soupçon : le mot « désinformation * » surgit à nouveau, pour désigner ce qu'en d'autres temps et pour d'autres régimes on appelait « propagande ». Le mot, cette fois, désigne une tout autre réalité : non plus les « manœuvres spéciales » de Lénine, en 1921, pour déstabiliser les pays « capitalistes », ni les orchestrations nazies, démasquées trop tard par Tchakhotine, mais cette accumulation de défaillances et de manquements dont les conséquences sont d'autant plus redoutables sur l'opinion et sur l'esprit public qu'elles demeurent, souvent, inavouées ou impunies.

Certains faits semblent-ils présentés de façon partielle ? D'autres simplement négligés ou oubliés ? D'autres enfin montés en épingle, ce qui leur donne une importance qu'ils n'ont pas ? Dans tous les cas, le procès est à la fois facile et injuste : il accuse les médias de vouloir inculquer au public une opinion ou une idéologie, à son insu, tout en feignant de l'informer aussi objectivement que possible. La désinformation, en ce sens, est l'autre nom de la propagande. Avec, néanmoins, une grande différence : la désinformation n'avoue pas sa véritable identité, elle prétend même faire le contraire de ce qu'elle fait, afin de n'éveiller aucun soupçon et de ne soulever aucune résistance.

Il y a loin, certes, de la dénonciation des « dérapages » de certains reportages au procès d'intention, instruit à l'encontre de tous les organes d'information, ou tout au moins de la majorité d'entre eux. La dénonciation des erreurs est légitime et salutaire ; le procès pour désinformation transforme les journalistes en boucs émissaires, faisant ainsi peser une lourde menace sur la démocratie. Le passage de l'un à l'autre n'est pas certain. Il est sans doute peu probable. Il n'en demeure pas moins possible, à tout instant, et pour une fraction non négligeable de la population.

L'information menacée ?

Pourquoi ce malaise dans l'information ? Pourquoi la crédibilité – ou le crédit – de l'information est-elle mise en doute, alors que les médias n'ont jamais été aussi nombreux, variés et performants ? Sans doute l'information souffre-t-elle, dans tous les pays, mais peut-être plus en France que partout ailleurs, de l'hégémonie de la télévision. La presse semble avoir perdu la partie : elle ne précède plus la télévision, elle la suit. Les journaux imprimés, qui marquent la naissance de l'information, auraient dû rester la terre d'élection des médias. La presse est trop souvent piégée par la télévision : dépassée, submergée ou subvertie. L'écrit n'est pas, dans l'absolu, supérieur à l'image. Cette mauvaise querelle empêche souvent de poser la vraie question. Chacun a ses limites et ses mérites : loin de s'opposer, l'écrit et l'image sont complémentaires. Bien plus : ils sont, chacun, un garde-fou l'un pour l'autre. Tout ne passe pas par l'écrit. Mais tout ne passe pas non plus par l'image.

Sans doute l'information est-elle également trop pressée : la révélation du scoop a pris le pas, souvent, sur d'autres exigences, telles que le devoir de rigueur, la vérification nécessaire, l'indispensable mise en perspective. L'obsession de la vitesse fait courir les plus grands risques à l'information, et elle produit sur ses destinataires un effet de sidération, au sens médical du terme.

L'information, enfin, n'aligne-t-elle pas parfois ses méthodes sur celles du divertissement, du show business et de la publicité ? Le recours systématique à l'image et la course de vitesse entre les médias participent, en un sens, de la même exigence : plaire et séduire, au prix de facilités ou de concessions qui sont autant de dérogations aux lois du journalisme.

Le débat sur la déontologie

L'hégémonie de la télévision, la course de vitesse à laquelle se livrent les médias, le mélange des genres entre l'information et le show business : ces menaces ont permis d'ouvrir à nouveau le débat sur la déontologie des journalistes. C'est pour la mieux définir, pour mieux veiller à son respect, que des institutions ont été mises en place : conseils de presse, selon l'exemple britannique, médiateurs – *ombudsmen* –, au sein des rédactions, suivant le modèle suédois, des revues ou des émissions de radio ou de télévision qui dénoncent les dérives de l'information. Comme le soulignait Jean Daniel en 1987 : « La meilleure manière de protéger les journalistes contre la tentation d'un abus de leur pouvoir, c'est d'entretenir un débat permanent sur leurs responsabilités. »

La loi, en effet, ne suffit pas : elle fixe seulement des limites dont le franchissement est sanctionné par le juge. Le marché ne suffit pas davantage : sa seule vertu est de permettre au public d'exprimer ses préférences, en choisissant ses journaux ou ses émissions de télévision. La déontologie – ces règles que la profession se donne à elle-même – sert d'adjuvant à l'accomplissement, par les journalistes, de leurs responsabilités. Elle est une béquille pour la responsabilité individuelle du journaliste : elle ne la remplace pas ; elle ne doit surtout pas devenir un alibi pour l'irresponsabilité individuelle, comme souvent pour la responsabilité collective.

La liberté de l'information n'est certes pas en danger chaque fois que l'on met en cause la façon dont une enquête est menée. Le journaliste, en revanche, fait peser sur l'information une lourde menace lorsqu'il joue un rôle qui n'est pas le sien, contre son gré ou parce qu'il l'a voulu, et que, volontairement ou non, il se trompe sur la mission que la démocratie lui assigne : être un spectateur et non un acteur, un observateur plutôt qu'un instituteur, un greffier et non un avocat ou un procureur, un médiateur plutôt qu'un censeur. Il peut arriver que l'information n'accomplisse pas sa fonction, en démocratie, parce qu'elle prétend exercer un rôle qui n'est pas le sien : celui de la Pythie de Delphes, chargée de transmettre les oracles des dieux, plutôt que celui de la vigie, apparemment moins glorieux, celui du guetteur chargé de surveiller le large, en observation dans la mâture ou à la proue du navire.

Les médias :
un quatrième pouvoir?

Edmund Burke, homme politique et écrivain britannique, utilisa pour la première fois l'expression « quatrième pouvoir », pour condamner, en 1790, la Révolution française. En 1840, Balzac lui emprunta la formule, dans ce même article de *La Revue parisienne* où il lançait sa célèbre diatribe : « Si la presse n'existait pas, il ne faudrait pas l'inventer… » En juin 1978, Aleksandr Soljenitsyne, s'adressant à des étudiants de Harvard réunis pour l'écouter, lançait cet avertissement aux démocraties occidentales : la presse est devenue la force la plus importante des États-Unis; elle dépasse, en puissance, les trois autres pouvoirs.

En 1984, un journaliste français, François-Henri de Virieu, connu pour avoir interrogé la plupart des hommes politiques dans une émission télévisée hebdomadaire, *L'Heure de vérité*, publie un livre intitulé *La Médiacratie.* Il plaide en faveur d'un régime que son attachement à la démocratie devrait condamner : celui dont le pouvoir, son organisation et son fonctionnement est sous l'empire exclusif des grands organes d'information, et notamment de la télévision. Le mot *mediaklatura* est utilisé, à la même époque, pour dénoncer ceux qui utilisent les médias – les dirigeants et les journalistes – pour manipuler l'opinion, ou pour téléguider les pouvoirs établis –, à l'instar de la nomenklatura de l'Union soviétique. Quinze ans plus tard, Serge Halimi, disciple du sociologue Pierre Bourdieu, assimile les journalistes à de « nouveaux chiens de garde » : il fait d'eux à la fois les complices des puissants et leurs propagandistes zélés.

Les hommes d'influence

Médiacratie, quatrième pouvoir, journalistes « chiens de garde » : à l'encontre des médias d'information, le procès est permanent. Les accusations se nourrissent d'abord d'une surestimation du « pouvoir » des médias, de leur capacité à persuader les gens, à les faire changer d'avis, à les faire agir autrement qu'ils le voudraient. Les citoyens sont en réalité moins désarmés qu'on ne le croit, moins crédules qu'on ne l'imagine. Les accusations semblent également résulter de l'ignorance de la véritable influence des médias – qui n'est pas celle que l'on croit ou que l'on attend –, et de la méconnaissance, souvent, du rôle qui devrait être le leur, dans une démocratie digne de ce nom. Les grands médias d'information agissent « à la longue », par insinuations répétées, influençant l'« air du temps » ou le « climat d'opinion » ; leur action emprunte des voies différentes et elle n'a pas la même portée selon le rôle qu'on leur assigne et la façon dont ils l'interprètent.

Aucune enquête n'a jamais réfuté les conclusions formulées par Elihu Katz et Paul Lazarsfeld en 1955 dans *Personal Influence*. Non seulement elles confirment, à l'occasion de chaque élection, que notre perception est sélective : nous n'entendons le plus souvent que ce que nous voulons bien entendre. Mais, surtout, nous nous fions volontiers à nos proches, sans en être toujours conscients, chaque fois que nous hésitons, ce qui fait de ces guides d'opinion, de ces « hommes d'influence », de véritables relais entre les médias et chacun d'entre nous. Ainsi, l'influence des médias est médiate plutôt qu'immédiate, indirecte et non directe, limitée et non illimitée : elle emprunte la voie de relais, mieux qualifiés pour filtrer tout ce qui provient des « mass media ». Ceux-ci n'agissent pas seuls, ni directement : ils composent, toujours et partout, avec le bouche à oreille.

Nous sommes loin, avec Lazarsfeld et Katz, du « viol des foules » de Tchakhotine, de ces médias dont la puissance, invincible, surpasserait les trois pouvoirs de Montesquieu. Les apprentis sorciers de la persuasion se heurtent à des résistances nombreuses et souvent imprévisibles ; leur entreprise produit parfois des effets « boomerang », contraires à ceux qu'ils attendaient ou espéraient. L'influence des médias peut paraître mystérieuse, tant elle est difficile à mesurer ou à évaluer, après coup, et impossible, *a fortiori,* à prévoir : elle ne dépend pas seulement de ce que les gens « font » des médias ; elle dépend de ce qu'ils en attendent ou de ce qu'ils en espèrent ; elle dépend enfin de ce qu'ils « pensent ». La résistance aux médias est d'autant plus grande qu'on les croit tout-puissants, capables de modifier à volonté les opinions ou les comportements des gens ; à l'inverse, on ne leur oppose aucun contrepoison, quand on les imagine parfaitement inoffensifs. Là réside le mystère ou l'ironie du « pouvoir » des médias : il est d'autant plus grand qu'on le croit faible, d'autant plus restreint qu'on le croit illimité.

L'action des médias sur l'« air du temps »

107

Les médias agissent sur ce que Élisabeth Noëlle-Neumann appelle le « climat d'opinion ». Spécialiste des sondages, la sociologue explique par la « spirale du silence » le parallélisme qu'elle observe entre les contenus des médias dominants – les ténors – et l'opinion du public – autrement dit, entre les opinions propagées par les médias et celles qui sont exprimées par leurs usagers –, résultat presque mécanique de la propension de chacun à se rallier à une opinion que les médias présentent comme étant celle de la majorité, ou celle des experts les plus qualifiés. C'est à la faveur de ce mécanisme psychologique qu'une minorité peut se prendre pour la majorité, que la majorité finit par se tromper sur la majorité, et que les journalistes de quelques médias, parmi les plus en vue, imposent une opinion à leurs concitoyens. Le mécanisme joue d'autant mieux que le terrain est vierge, que le sujet n'offre encore aucune prise aux préjugés, que l'on se trouve par conséquent dans une situation de « table rase ».

Sur plusieurs registres, les médias influent sur l'opinion, à son insu ou contre son gré. Ils choisissent l'ordre du jour – *agenda* en anglais – lorsqu'ils hiérarchisent les événements de l'actualité, mettant l'accent sur certains et jetant les autres dans l'ombre, au gré d'une subjectivité souvent implicite. Ils opèrent ensuite un certain « cadrage » de l'information – *framing* –, par le contexte dans lequel ils inscrivent les événements rapportés. Ainsi, l'évocation périodique par les médias américains des ventes d'armes à l'Iran, sous Reagan, ne pouvait manquer d'en imputer la responsabilité au chef de l'exécutif et de nuire gravement à sa réputation. Enfin, les médias produisent un effet dit d'« amorçage » – *priming* – lorsqu'ils désignent les critères au regard desquels une politique – et une personnalité politique – seront jugées, en insistant sur certains faits ou certains enjeux plutôt que sur d'autres. Par cet effet d'« amorçage », les médias, en même temps qu'ils choisissent le terrain sur lequel se livre la bataille des idées et des hommes, déterminent les critères qui décideront de leur succès ou de leur échec.

Les études et le bon sens se rejoignent : le « pouvoir » des médias se heurte à la « résistance » des individus, résistance variable qu'il ne faut pas sous-estimer ; ce pouvoir s'exerce subrepticement, moins par l'imposition directe d'une opinion que par l'inculcation clandestine de faits ou d'idées qui en favorisent l'adoption. Il reste que l'invocation d'un « quatrième pouvoir » repose sur un malentendu : on ne saurait confondre un pouvoir d'influence, si grand soit-il, avec ces pouvoirs d'État – le législatif, l'exécutif –, disposant chacun de la contrainte pour faire exécuter leurs décisions. Erronée, l'invocation d'un « quatrième pouvoir » est également dangereuse pour les libertés lorsqu'elle sert d'alibi à ceux qui rêvent, au nom des libertés, de soumettre les médias à des lois comparables à celles qui visent l'organisation et le fonctionnement de l'État, seul détenteur légitime du pouvoir de contraindre ses ressortissants.

Les médias contre la culture ?

Depuis l'avènement des journaux quotidiens – *La Presse* de Girardin, le *Times* de Londres ou le *Herald* américain – au XIXᵉ siècle, la

destinée des médias – le cinéma, la radio, la télévision, la presse – est liée aux libertés : liberté de faire, liberté d'entreprendre, liberté de penser, liberté de créer, liberté de communiquer.

Dans *La Société ouverte et ses ennemis,* Karl Popper considérait, en 1945, que l'économie de marché était la « compagne », difficile et parfois infidèle, de la démocratie politique. À ces deux institutions – le marché et la démocratie –, on pourrait en ajouter une troisième : les médias, avec leurs modes d'organisation et de fonctionnement. La société ouverte – la « grande société » de l'économiste autrichien Friedrich Hayek – est un ménage à trois : les médias ont besoin des libertés économiques et politiques pour s'émanciper, pour conquérir leur indépendance ; en retour, ils sont indispensables à l'économie de marché comme à la démocratie politique.

Soumis aux lois du marché, à la « recherche du profit maximal à court terme », pour parler comme Pierre Bourdieu, les médias ne mettent-ils pas la culture en péril ? Conçus et réalisés avec le seul espoir de plaire au plus grand nombre, les livres, les journaux, les films et les programmes de radio ou de télévision ne sont-ils plus que des « marchandises » ? Des « produits » comme les autres, jetés aussitôt consommés, plutôt que des œuvres, préservées ou conservées parce qu'elles inspirent le respect ou l'admiration ?

Les médias :
une industrie et un marché

Aucun média n'y échappe : comme les journaux au XIXᵉ siècle, les programmes de télévision et les CD-Rom sont aujourd'hui produits, selon des techniques industrielles, pour être vendus à des acheteurs qu'ils souhaitent nombreux, aussi nombreux que possible. Les médias obéissent ainsi à une double logique, à la fois industrielle et commerciale : leur mode de production est calqué sur celui d'industries comme l'automobile ou l'équipement ménager, et leur stratégie est celle qu'impose tout marché de masse.

Réunis à Francfort, après 1923, au sein d'un institut de recherche sociale, des philosophes proches de la pensée de Hegel et de Marx ont dressé le premier réquisitoire argumenté contre ce qu'ils appelaient l'« industrialisation de la culture » : l'application aux productions intellectuelles, aux œuvres de l'esprit, de ces mêmes recettes – la division et l'organisation du travail, la production « à la chaîne » de produits semblables les uns aux autres – qui firent le succès de l'industrie automobile, à Detroit ou ailleurs. Ce que dénonçaient Theodor Adorno, Max Horkheimer et Herbert Marcuse, les principaux représentants de l'école de Francfort, c'est la « standardisation » de la culture, sous l'effet de pareilles exigences, en même temps que sa conséquence inévitable, le conformisme des esprits, leur « unidimensionnalisation », l'imposition de ce que l'on appellerait aujourd'hui une « pensée unique ».

Le réquisitoire allait de pair, en réalité, avec une conviction largement répandue à l'époque : celle de la toute-puissance des médias, de leur capacité à inculquer ce qu'ils veulent, quand ils le veulent. Il était solidaire, pareillement, de cette volonté de faire des médias un instrument d'émancipation des citoyens et de lutte contre les inégalités sociales. Aujourd'hui, à l'épreuve des faits, le réquisitoire a perdu beaucoup de sa force. Les enquêtes de Lazersfeld ont durablement mis en cause la « toute-puissance » des médias. En outre, parmi ceux qui attendaient des médias qu'ils fassent des miracles, beaucoup ont été déçus : les médias, et les techniques dont ils s'accompagnent, si prodigieuses soient-elles, n'ont pas pour vocation de guérir la société de tous ses maux – de ses paresses, de ses indifférences ou de ses inégalités.

Évoquant l'avènement d'une « culture de masse », Edgar Morin est moins sévère. Avec le sociologue américain Léo Bogart, il redoute l'uniformité des sociétés modernes et le déclin des cultures minoritaires ou « particulières », sous l'effet conjoint d'une télévision toujours plus puissante et de l'importance accrue des classes moyennes. Mais la culture, sous le double empire des médias et de l'économie marchande, n'est pas selon lui irrémédiablement médiocre, mais simplement moyenne : son « mode de production » favorise « les esthétiques moyennes, les audaces moyennes, les intelligences moyennes et les bêtises moyennes ». Pour Edgar Morin, un équilibre doit toujours être trouvé entre deux exigences contraires : d'un côté, les contraintes de la production moderne, avec ses divisions, ses hiérarchies et ses contrôles ; de l'autre, la nécessité d'offrir, en bout de chaîne, des « productions » qui, au moins apparemment, sont uniques, qu'il s'agisse de journaux, de films ou de feuilletons de télévision.

La logique de la consommation maximale

Avant toute autre chose, les médias recherchent le profit : ils voudraient que tout se vende, que tout s'achète. Pour atteindre leur objectif, ils s'emploient à répondre aux attentes de leurs « clients », ils cherchent avant tout « à plaire et à séduire ». Le marché, c'est ce qui marche ; la concurrence, quant à elle, permet seule de laisser le dernier mot aux clients. « Que le meilleur gagne ! » tel est l'adage populaire. Pourtant, la mauvaise monnaie ne finit-elle pas toujours par chasser la bonne, en économie comme ailleurs ?

L'Audimat* est devenu le symbole du déclin de la culture. Les œuvres offertes par les médias s'alignent sur la facilité ou sur le conformisme, sur les désirs les plus médiocres ou les attentes les moins exigeantes.

Dans *La Crise de la culture,* paru en 1954, Hannah Arendt évoquait le danger d'une dissolution de la culture dans le divertissement : « [Ils] détruisent la culture pour engendrer le loisir et modifient les objets culturels en vue de persuader les masses qu'*Hamlet* peut être aussi divertissant que *My Fair Lady* et pourquoi pas, tout aussi éducatif. » En 1987, Alain Finkielkraut ne dit pas autre chose, dans *La Défaite de la pensée* : « La logique de la consommation détruit la culture. » À ses yeux, les médias, soumis aux lois du marché, favorisent l'essor d'un relativisme corrosif ou destructeur : tout se vaut, donc rien ne vaut, Isaac Stern et les Beatles, Shakespeare et le Top 50.

Ces diagnostics, en réalité, oublient la diversité croissante des médias : « il y en a pour tous les goûts », et les médias excellent pour le meilleur comme pour le pire, d'autant plus qu'ils sont libres. Ces diagnostics confondent pareillement, dans leur hâte, l'Audimat et le marché. L'Audimat est la dénomination commerciale d'un appareil connecté à un téléviseur afin d'enregistrer les périodes pendant lesquelles il est allumé. L'usage a fini par imposer le mot pour désigner, non seulement les mesures que cet appareil permet d'opérer, mais également le fait, pour les dirigeants d'un média, de choisir les programmes en fonction des indications fournies par ces mesures. La tyrannie de l'Audimat, en l'occurrence, n'est rien d'autre que le « suivisme » des médias, qui consiste à ne jamais proposer que des programmes ayant déjà « marché », à écarter par conséquent tout ce qui pourrait surprendre, étonner ou dérouter leurs publics habituels.

Ainsi entendu, l'Audimat n'est pas, à l'évidence, le marché : tout entrepreneur sait qu'il doit en même temps suivre et précéder ses clients. Renoncer à anticiper leurs désirs, leurs besoins, reviendrait pour lui à ne jamais innover, à ne jamais prendre le risque de conquérir de nouveaux marchés, ou celui de ne pas conserver les anciens. Telle est bien la loi du marché ; c'est courir un grand risque que de ne jamais prendre de risques. Les responsables d'un média qui suivraient seulement l'« Audimat » seraient comparables au chauffeur d'une voiture qui se contenterait de regarder ce qui vient de se passer, derrière lui, dans le rétroviseur. Le résultat est assuré : s'il ne regarde pas devant lui, il va dans le mur, au sens propre ou au sens figuré de l'expression.

Les médias et la vie des idées et des œuvres

On peut recenser une infinité de définitions de la culture : comme la philosophie, selon Maurice Merleau-Ponty, elle « s'épuise à définir son propre objet ». Si l'on considère ses relations avec les médias, elle présente deux aspects, séparables pour l'analyse, en réalité complémentaires : d'un côté, les œuvres du passé, quelles qu'elles soient, fréquentées par des hommes ayant chacun un regard à nul autre pareil ; de l'autre, la création d'œuvres nouvelles, savantes ou artistiques, forgées dans le creuset des œuvres du passé, mais rompant en même temps avec elles. La vie des idées ou des œuvres – la vie de l'esprit, en d'autres termes, ou bien, si l'on préfère, la culture – réside toujours dans ce dialogue entre le passé et le présent, entre le particulier et l'universel, entre un passé qui n'est pas « dépassé » et un présent que l'on s'emploie à dépasser, à surpasser ou à transcender. Ainsi, comme le souligne Finkielkraut, « la culture obéit à ses propres lois, à ses rythmes et valeurs ». Les savants et les artistes, au même titre que les prêtres ou les sages, cherchent ou créent des valeurs : ils ont vocation à les défendre et à les illustrer, de façon aussi désintéressée et indépendante que possible. Et le pouvoir de leurs œuvres, « de toute œuvre culturelle », selon Hannah Arendt, est « d'arrêter notre attention et de nous émouvoir ».

La logique du marché, assurément, est tout autre : elle consiste à répondre à une demande dont on doit à l'avance discerner les attentes, et dont on s'empresse de satisfaire les moindres désirs. Mais au bout de cette logique, il y a « une exigence de dépassement, l'appel à une transcendance ; privé de cet appel, le marché tourne en rond, en roue libre, il se prend pour sa propre fin […]. [Le marché crée] alors du vide […] dans une succession de modes qui, à peine établies, sont déjà dépassées. »

Il revient aux médias, depuis le milieu du XIXe siècle, partout où l'économie marchande est alliée à la démocratie politique, de mettre en tension les deux logiques, celle qui fait commerce de tout, et celle qui poursuit des valeurs – le vrai, le juste ou le beau. Les médias, en réalité, s'interposent, permettant à chacune d'aller au bout d'elle-même : au marché d'avoir un sens, de ne pas tourner à vide, sans repères, sans boussole, sans âme ; aux représentants de la culture – aux créateurs – de ne pas vivre entre eux, ou repliés sur eux-mêmes, et de soumettre leurs œuvres au verdict du « grand public ».

La culture s'épanouit à l'intérieur de ce triangle dont chacun des angles figure le représentant de ces trois logiques : les mandarins, pèlerins des valeurs ; les marchands, qui se livrent au commerce des idées, des opinions ou des œuvres ; les médiateurs, enfin, les gens des médias, au premier rang desquels les journalistes, mandatés pour jouer les intermédiaires. Entre les représentants de ces trois logiques, des relations d'alliances et de rivalités se nouent et se dénouent en permanence. Ainsi, dans la société « médiatique », la vie culturelle se joue à trois, et tout doit être fait pour empêcher l'un des joueurs de dominer les deux autres ou d'être dominé par eux. La vie des idées et des œuvres ne s'accommode pas plus de l'autocratie ou de la démagogie que de la médiacratie.

À l'inverse des critiques à l'endroit de la « culture de masse » ou de l'« industrialisation » de la culture, l'image du triangle a pour vertu, à tout le moins, de ne pas nous détourner des vraies questions surgies de l'avènement des médias « de masse ». Le problème n'est pas de savoir si les médias sont favorables ou non à la culture. Il n'est pas davantage dans l'évaluation de la qualité, que l'on peut trouver médiocre ou estimable, des produits sortis des « usines à rêves » ou des « fabriques de nouvelles ». La question est plutôt celle-ci : à quelles conditions les médias peuvent-ils favoriser la création d'œuvres nouvelles au lieu de permettre la seule reproduction à l'identique, ou presque, des anciennes ? La question en rejoint une autre : que font les médias pour étendre à un plus grand nombre de gens l'accès aux œuvres qui illustrent le génie humain ?

ANNEXES

Glossaire

Table
des références

Bibliographie

Glossaire

Annonceur : toute personne ou institution utilisant les médias afin de faire connaître ou de faire valoir ses activités, ses productions ou ses services.

Audience : nombre de personnes ayant déclaré avoir été « exposées » à un média ou à l'un de ses programmes ; nombre de personnes dont les habitudes permettent de penser qu'elles sont susceptibles d'être atteintes par un média ou l'un de ses programmes.

Audimat : appareil connecté à un téléviseur afin de mesurer l'audience. L'usage a fini par imposer l'emploi de cette dénomination commerciale pour désigner les résultats des sondages opérés auprès des téléspectateurs.

Autoroute de l'information : expression popularisée en 1992 par Al Gore, vice-président des États-Unis, pour désigner ceux des réseaux de télécommunications qui permettent de transmettre tout message – voix, vidéo, données – à double sens, avec de grands débits et sur des distances plus ou moins longues.

Billet : article de journal, généralement assez court, qui commente un événement ou une situation ayant un rapport avec l'actualité.

Bit (abréviation de *binary digit*) : élément de base du langage informatique dont les deux seules valeurs sont 0 et 1 (un octet est égal à 8 bits). Unité de mesure informatique permettant de quantifier la capacité d'un support ou le débit d'un réseau (bit/seconde).

Bouillon : pour un numéro donné d'un journal, nombre d'exemplaires n'ayant pas trouvé d'acheteur.

Bouquet (de programmes) : ensemble comprenant plusieurs chaînes ou plusieurs programmes de télévision ou de radio offert par un seul et même équipement ou par un seul vecteur de transmission.

Câblodistributeur : entreprise ou personne distribuant et commercialisant dans une zone géographique donnée des programmes, des services audiovisuels ou des services de télé-communication, comme le téléphone, grâce à des réseaux de câbles ou, parfois, grâce à des réseaux hertziens utilisant les micro-ondes.

Canard : 1. au XVIe siècle, journal imprimé comportant pour l'essentiel des faits divers ; 2. nouvelle peu crédible, voire fausse ; 3. appellation péjorative pour un journal.

Censure : suppression de certains articles ou de passages dans un livre, un journal, dans des programmes de radio ou de télévision, ou de certaines séquences, avant la publication ou la diffusion.

Cible : fraction de la population choisie pour être destinataire d'un média donné.

Clause de conscience : possibilité offerte aux journalistes, en France et dans quelques autres pays, de démissionner en obtenant des indemnités de licenciement lorsque le journal est cédé, qu'il cesse de paraître ou dans le cas d'un changement « notable » de « caractère » et « d'orientation » de ce dernier.

Coquille : erreur d'impression portant sur un mot entier ou sur un groupe de mots.

Couplage publicitaire : accord entre plusieurs supports appartenant ou non à un même média qui permet d'offrir en bloc à un annonceur leurs différents espaces publicitaires.

Cybermonde : le mot « cyberspace » a été utilisé pour la première fois en 1984 par l'écrivain américain de science-fiction William Gibson, dans son roman *Neuromancer*, pour désigner non seulement les réseaux informatiques, mais également les informations qu'ils véhiculent ainsi que les personnes qui utilisent et enrichissent ces réseaux. Par extension, on parle de cyberculture, de cyberpresse, de cyberpublicité…

Déontologie : ensemble des règles que des professionnels se donnent à eux-mêmes et qu'ils veillent à respecter.

Désinformation : présentation partielle ou tendancieuse des événements de l'actualité ; résultat de cette action auprès des personnes visées.

Diffamation : atteinte portée à l'« honneur » ou à la « réputation » d'une personne mise en cause par un média d'information.

Diffusion : 1. pour une publication, nombre d'exemplaires vendus ou distribués gratuitement; 2. transmission vers plusieurs destinataires de programmes de radio ou de télévision, ou de données informatiques, par quelque moyen que ce soit, ondes hertziennes, câbles ou satellites.

Exception culturelle : principe selon lequel le secteur audiovisuel (télévision et cinéma) doit échapper à l'application des règles du commerce international – celles du libre-échange – qui découlent des accords du GATT, relayé depuis 1994 par l'OMC. Mieux vaudrait dire que la télévision et le cinéma sont exemptés de certaines obligations en raison de leur participation à la défense de la singularité des diverses cultures, nationales ou régionales.

Feuille : nom donné, sous l'Ancien Régime, à un document imprimé traitant d'un fait d'actualité, distribué par colportage selon une périodicité variable.

Fournisseur d'accès (*Internet access provider* ou IAP) : société commerciale offrant aux entreprises et aux particuliers la possibilité d'accéder à l'Internet et, le cas échéant, à certains services en ligne réservés à ses clients.

Hors-média : sont ainsi qualifiées toutes celles des actions de publicité qui n'ont pas recours aux grands médias (presse, télévision, radio, affichage, cinéma).

Hypermédia : possibilité d'accéder, sur un même écran, à toutes sortes de documents ou d'informations – qu'il s'agisse de textes, de sons ou de vidéos – traduits dans le langage numérique, grâce aux liens qui ont été établis entre eux. L'hypermédia permet de sélectionner ces informations, de les superposer ou de naviguer à son gré de l'une à l'autre.

Hypertexte : logiciel permettant, à partir d'un mot, d'accéder à ses autres occurrences, parmi des textes plus ou moins nombreux. Son application à l'Internet, en 1989, donne naissance au World Wide Web.

Infographie : contraction de « information » et *graphies*, ce mot désigne la représentation, grâce aux procédés de l'informatique, de toute information, sous forme de schémas, de cartes, de graphiques.

Interactivité : possibilité d'agir sur un média ou de « dialoguer » avec lui en cliquant sur un mot-clé ou une icône afin d'accéder, quand on le veut, à l'un des services ou des programmes qu'il propose, depuis le téléachat jusqu'aux jeux vidéo.

Moteur de recherche : programme de classement et d'indexation permettant la recherche automatique d'informations sur le Web, grâce à la sélection de mots-clés.

Ndlr : abréviation pour « note de la rédaction ». Elle annonce un complément d'information permettant une meilleure compréhension de l'article d'un journal.

Numérique (digital) : code binaire (succession de 0 et de 1) permettant de traduire toutes sortes d'informations – textes, voix, sons, images –, afin de les mémoriser, de les traiter, de les restituer ou de les transmettre.

Ours : publication, dans un journal, de la liste de ses dirigeants, de ses principaux responsables et de certaines indications le concernant comme ses tarifs d'abonnement ou son numéro ISSN (International Standard Serial Number).

Pige : travail accompli par un journaliste qui est rémunéré à l'article.

Portail : site Web permettant d'accéder à un ensemble de sites ou de services qui correspondent à des domaines identifiés et circonscrits.

Tabloïd : nom donné au demi-format, par rapport aux journaux du XIXᵉ siècle. Désigne désormais la presse populaire britannique parce qu'elle a adopté ce demi-format.

Vidéo à la demande (*Video on demand* ou VOD) : accès à un film ou un programme vidéo à l'instant désiré sur l'écran d'un téléviseur ou d'un ordinateur.

Webzine : magazine diffusé exclusivement sur le Web et réalisé à cette fin : il n'a donc pas d'équivalent imprimé.

Table des références

p. 14 : G.W.F. Hegel, *Principes de la philosophie du droit,* Vrin, 1989.

p. 14 : V. Hugo, cité dans A. Muchielli, *Les Sciences de l'information et de la communication,* Hachette, 1995, p. 35.

p. 14-15 : A. Tocqueville, cité dans F. Balle, *Et si la presse n'existait pas…,* J.-C. Lattès, 1987, p. 24.

p. 21-22 : A. Akoun, *Sociologie des communications de masse,* Hachette, 1997, p. 123.

p. 23 : Lénine, cité dans P. Ortoleva, *La Société des médias,* Casterman, 1995, p. 18.

p. 23 : Staline, *ibid.*

p. 29 : L. Plouvier, cité dans A. Akoun, *op. cit.,* p. 111.

p. 30 : S. Tchakhotine, *Le Viol des foules par la propagande politique,* Gallimard, 1939.

p. 32 : M. Mc Luhan, *Pour comprendre les médias,* Le Seuil, 1968, p. 251.

p. 32 : L. Merlin, *C'était formidable !,* Julliard, 1966, p. 374.

p. 42 : J. Cazeneuve, *La Télévision en sept procès,* Buchet/Chastel, 1992, p. 8.

p. 57 : H. de Roux, cité dans F. Balle, *op. cit.,* p. 31.

p. 59 : A. Meyer, *ibid.*

p. 65 : K. Hamsun, cité dans P. Ortoleva, *op. cit.,* p. 89.

p. 74 : S. Tchakhotine, *op. cit.*

p. 75 : H. Lasswell, « The Communication of Ideas », *Journalism Quaterly Winter,* 1948.

p. 75 : C.M. Steiff, cité dans A. Akoun, *op. cit.,* p. 123.

p. 76 : R. Girard, *Mensonge romantique et vérité romanesque,* Grasset, 1961.

p. 77 : P. Breton, *L'Utopie de la communication,* La Découverte, 1992.

p. 77 : P. Watzlawick, *Une logique de la communication,* Le Seuil, 1978, p. 17.

p. 78 : D. Riesman, *La Foule solitaire,* Arthaud, 1964.

p. 78 : G. Lipovetsky, *L'Ère du vide,* Gallimard, 1989 ; *L'Empire de l'éphémère,* Gallimard, 1991.

p. 81 : C. Brémond cité dans F. Balle, *Médias et sociétés,* Montchrestien, 9ᵉ éd., 1999, p. 648.

p. 88 : S. Jobs, cité dans F. Balle, *ibid.,* p. 651.

p. 88 : Platon, *Ménon,* GF-Flammarion, 1993.

p. 88 : Platon, *La République,* GF-Flammarion, 1966.

p. 92 : A. Leroi-Gourhan, *Le Geste et la Parole,* PUF, 1965.

p. 94 : S. Tchakhotine, *op. cit.*

p. 96 : R. Debray, *Cours de médiologie générale,* Gallimard, 1991, p. 13.

p. 102 : J. Daniel, cité dans F. Balle, *op. cit.,* p. 159.

p. 104 : F.-H. de Virieu, *La Médiacratie,* Flammarion, 1990.

p. 106 : E. Katz et P. Lazarsfeld, *Personal Influence,* Free Press, 1955.

p. 107 : É. Noëlle-Neumann, *The Spiral of Silence,* University of Chicago Press, 1980.

p. 111 : P. Bourdieu, *Sur la télévision,* Liber éditions, 1966.

p. 112 : E. Morin, *L'Esprit du temps,* Grasset, 1962.

p. 112 : L. Bogart, *The Age of Television,* Free Press, 1956.

p. 114 : H. Arendt, *La Crise de la culture,* Gallimard, 1972, p. 32.

p. 114 : A. Finkielkraut, *La Défaite de la pensée,* Gallimard, 1987, p. 12.

p. 115 : M. Merleau-Ponty, *Éloge de la philosophie, leçon inaugurale au Collège de France,* Gallimard, 1953.

p. 116 : A. Finkielkraut in *Temps européens,* Genève, automne 1996, p. 24.

p. 116 : H. Arendt, *op. cit.,* p. 47.

p. 117 : F. Balle, *Le Mandarin et le marchand,* Flammarion, 1995, p. 153.

p. 117 : F. Balle, *Le Mandarin et le marchand, op. cit.,* p. 157.

Bibliographie

AKOUN, A., *Sociologie des communications de masse,* Hachette, 1995.

ALBERGANTI, M., *Le Multimédia. La révolution au bout des doigts,* Le Monde Marabout, 1996.

ALBERT, P., *La Presse française,* La Documentation française, 1998.

ALBERT, P., *La Presse,* PUF, 1996.

ALBERT, P. et LETEINTURIER, C., *Les Médias dans le monde. Enjeux internationaux et diversités nationales,* Ellipses, 1999.

ALBERT, P. et TUDESQ, A.-J., *Histoire de la radio-télévision,* PUF, 1995.

BALLE, F., *Médias et Sociétés,* Montchrestien, 1999, 9e éd.

BALLE, F. (dir.), *Dictionnaire des médias,* Larousse, 1998.

BALLE, F. et EYMERY, G., *Les Nouveaux Médias,* PUF, 1996.

BALLE, F., *Le Mandarin et le marchand,* Flammarion, 1995.

BAMBERGER, M., *La Radio en France et en Europe,* PUF, 1997.

BARRAT, J., *Géographie économique des médias,* Litec, 1992.

BONGRAND, M., *Le Marketing politique,* PUF, 1993.

BONNELL, R., *La Vingt-Cinquième Image. Une économie de l'audiovisuel,* Gallimard, 1996.

BOUDON, R., *L'Art de se persuader des idées fausses, fragiles ou douteuses,* Fayard, 1990.

BOUGNOUX, D., *Introduction aux sciences de la communication,* La Découverte, 1998.

BOUGNOUX, D., *Sciences de l'information et de la communication,* Larousse, 1993.

BROCHAND, C., *Économie de la télévision,* Nathan, 1996.

BROCHAND, B. et LENDREVIE, J., *Le Publicitor,* Dalloz, 1993, 3e éd.

CAZENEUVE, J., *La Télévision en sept procès,* Buchet/Chastel, 1992.

CAZENEUVE, J., *La Société de l'ubiquité,* Denoël, 1972.

CAZENEUVE, J., *Les Pouvoirs de la télévision,* Gallimard, 1970.

CHARON, J.-M., *La Presse magazine,* La Découverte, 1999.

CLUZEL, J., *La Télévision,* Flammarion, 1996.

COHEN-TANUGI, L., *Le Nouvel Ordre numérique,* Odile Jacob, 1999.

COLOMBAIN, J., *La Cyberculture,* Milan, 1997.

COTTERET, J.-M., *Gouverner, c'est paraître,* PUF, 1997.

DEBRAY, R., *Cours de médiologie générale,* Gallimard, 1991.

DERIEUX, E., *Droit de la communication,* LGDJ, 1999, 3ᵉ éd.

ELLUL, J., *Histoire de la propagande,* PUF, 1967.

FRANCESHINI, L., *Droit de la communication,* Hachette Éducation, 1996.

GONNET, J., *Éducation et médias,* PUF, 1997.

HUISMAN, D., *Les Relations publiques,* PUF, 1992.

LEVY, P., *L'Intelligence collective,* La Découverte, 1994.

MATHIEN, M., *La Presse quotidienne régionale,* PUF, 1993.

MATHIEN, M., *Les Journalistes,* PUF, 1995.

MATTELARD, A., *La Communication-monde,* La Découverte, 1992.

MONET, D., *Le Multimédia,* Flammarion, 1995.

MUCHIELLI, A., *Les Sciences de l'information et de la communication,* Hachette, 1995.

ORTOLEVA, P., *La Société des médias,* Casterman, 1995.

PIGEAT, H., *Médias et déontologie,* PUF, 1997.

ROBINET, P. et GUERIN, S., *La Presse quotidienne,* Flammarion, 1998.

SFEZ, L., *La Communication,* PUF, 1990.

THOVERON, G., *Histoire des médias,* Le Seuil, 1997.

TOUSSAINT-DESMOULINS, N., *L'Économie des médias,* PUF, 1996.

WOLTON, D., *Penser la communication,* Flammarion, 1997.

ZEMOR, P., *La Communication publique,* PUF, 1995.

Index

Achevé d'imprimer en février 2000
sur les presses de l'imprimerie Hérissey, à Évreux
Nᵒ d'éditeur : FC 572601 - Nᵒ d'imprimeur : 86140
Dépôt légal : février 2000